中国经济文库·应用经济学精品系列（二）

·河南省高校重点科研项目
（项目编号：23A630018）阶段性成果；
·河南省知识产权软科学研究重点项目
（项目编号：20220106004）阶段性成果。

任丙超◎著

数字经济背景下传统文化版权开发策略研究

Development Strategy of Taditional Cultural Copyright under the Background of Digital Economy

中国经济出版社
CHINA ECONOMIC PUBLISHING HOUSE
北 京

图书在版编目（CIP）数据

数字经济背景下传统文化版权开发策略研究 / 任丙超著. -- 北京：中国经济出版社，2022.9

ISBN 978-7-5136-7076-0

Ⅰ.①数… Ⅱ.①任… Ⅲ.①传统文化-著作权-研究-中国 Ⅳ.①D923.414

中国版本图书馆 CIP 数据核字（2022）第 160137 号

责任编辑　张利影
责任印制　马小宾
封面设计　华子设计

出版发行　中国经济出版社
印 刷 者　河北宝昌佳彩印刷有限公司
经 销 者　各地新华书店
开　　本　710mm×1000mm　1/16
印　　张　12.75
字　　数　190 千字
版　　次　2022 年 9 月第 1 版
印　　次　2022 年 9 月第 1 次
定　　价　82.00 元
广告经营许可证　京西工商广字第 8179 号

中国经济出版社　**网址** www.economyph.com　**社址** 北京市东城区安定门外大街 58 号　**邮编** 100011

本版图书如存在印装质量问题，请与本社销售中心联系调换（联系电话：010-57512564）

P前言
reface

党的十九届五中全会提出到2035年建成文化强国的战略目标，并对如何实现这一战略目标做出新的谋划和部署，标志着我国文化建设进入了一个新的历史阶段。中华传统文化源远流长、博大精深，是文化创新取之不尽的源泉和用之不竭的宝库。建设社会主义文化强国，关键是增强全民族文化创造活力，积极推动传统文化产业化、市场化发展。版权涵盖文化产品创作、制作、传播（销售）及以此为基础的全产业活动，包括传统文化市场价值实现全过程。版权是传统文化产业的核心资源，是支撑市场主体开展市场经营、参与国际贸易、跨屏跨界传播的关键要素。版权制度确立了传统文化产业化、市场化发展过程中利益分配的基本规则，传统文化产业化、市场化程度越高，对版权制度的需求越强。

改革开放以来，中国特色社会主义市场经济体制改革不断深化，包括版权制度在内的知识产权制度日趋完善，为传统文化资源产业化提供了制度保障。近年来，随着互联网和数字技术的快速发展和普及，版权及其相关权利的经济开发在数字经济中的驱动作用愈加明显，在文化产业改革发展的讨论中逐渐占据核心地位，它与日常生活和商业运作的紧密关系引起利益相关者的浓厚兴趣。音乐、戏剧作品、歌剧、电影、视频、广播、电视、摄影、软件、数据库、电子游戏、视觉与美术、广告服务等产业的发展都以合理有效的版权管理为基础。在数字经济飞速发展的今天，随着版权产业内容传播渠道的不断丰富，其“内容产业”

的属性愈发清晰，“内容产业”离开版权保护将无法正常发展。版权产业在拉动国民经济增长、提升就业率和促进对外贸易中都发挥着十分重要的作用。有关数据显示，2015 年，美国核心版权业对 GDP 贡献超过 12000 亿美元，占美国经济的 6.9%。2012—2015 年美国经济整体的增长速度只有 2.1%，而核心版权产业以每年 4.8% 的速度增长，比前者高出了 127%。另外，2015 年，美国核心版权产业从业者的平均年收入为 93221 美元，远高于 67715 美元的全美年均工资水平。由此可见，充分发挥后发优势，利用数字经济飞速发展的契机，打造中国文化 IP，大力发展版权产业，大有可为。

当前，传统文化产业市场化改革进入攻坚期，社会效益与经济效益二元博弈与国内国际两个市场冷热不均的矛盾相互交织，对版权管理和版权制度创新的需求愈发强烈。数字经济的蓬勃发展，为传统文化版权开发提供了广阔的舞台，新的产业环境、市场规则和运作模式，需要通过有效的版权开发活动，将传统文化资源转化为版权资产，从而实现数字经济背景下传统文化的产业化、市场化运作，推动传统文化的创造性转化与创新性发展。

目录
Contents

1 绪论

1.1 选题依据

党的十九大报告提出要“推动中华优秀传统文化创造性转化、创新性发展”，作为中华文明主要载体的传统文化在创新发展过程中面临市场化问题，而版权制度是解决这一问题的关键制度安排。本选题聚焦文化产业和版权战略，核心内涵是“创新”和“文化科技融合”。

1.1.1 数字经济支撑版权产业高质量发展

近年来，版权及其相关权利的经济开发在数字经济中的驱动作用愈加明显，在文化产业的讨论中逐渐占据核心地位，它与日常生活和商业运作的紧密关系引起利益相关者的浓厚兴趣。音乐、戏剧作品、歌剧、电影、视频、广播、电视、摄影、软件、数据库、电子游戏、视觉与美术、广告服务等产业的发展都以合理有效的版权管理为基础。在互联网产业飞速发展的今天，随着版权产业内容传播渠道的不断丰富，其“内容产业”的属性愈发清晰，“内容产业”离开版权保护将无法正常发展。世界知识产权组织（WIPO）在2015年修订的《版权产业经济贡献调研指南》中提出一个包括指导版权产业政策研究在内的通用分析框架，并不断改进完善，被公认为是评估版权在增加值、就业和贸易方面对国民经济具有贡献的一种可靠的国际性方法。据测算，2015年，美国核心版权业对国内生产总值（GDP）贡献超过12000亿美元，占美国经济的6.9%。2012—2015年美国经济整体的增长速度只有2.1%，而核心版权产业以每年4.8%的速度增长，比前者高出了127%。另外，2015年，美国核心版权产业从业者的平均年收入为93221美元，远高于67715美元的全美年均工资水平。我们应充分发挥后发优势，利用数字经济飞速发展的契机，打造中国文化IP，大力发展版权产业，大有可为。

1.1.2　应对数字技术革命对版权产业的挑战

从20世纪中叶开始的世界新科技革命与科学技术的重大发现、发明和广泛应用，推动了世界范围内生产力、生产方式、生活方式和经济社会结构的深刻变化，同时促进了版权产业的发展变化。进入21世纪以后，世界新科技革命发展的势头更加迅猛，特别是数字技术的普及，使版权产业获得巨大的发展机遇，版权产业和版权制度已经成为“数字经济”的关键支撑。版权制度是涉及文学作品、音乐作品、艺术作品、地图和技术制图、摄影作品、电影和影视作品、计算机程序和数据库等行业的知识产权制度，与现代产业紧密结合。版权产业也因其较低的能源消耗和较高的经济效益，被称为“绿色产业”，是新时代区域经济竞争的热点。因此，国家和各省级行政区层面要立足自身，及时做好版权战略布局，突出战略性、全局性和前瞻性，为区域版权产业腾飞夯实基础，推进版权产业融入“数字经济”浪潮。

1.1.3　压茬推进知识产权强国建设

2008年国家颁布实施《国家知识产权战略纲要》，在该战略纲要指引下，全国各省份稳步推进了专利事业“十二五”“十三五”发展规划和知识产权强省建设，有力激发了经济高质量发展的创新动能。习近平总书记主持召开中央全面深化改革委员会第九次会议，审议通过了《关于强化知识产权保护的意见》，为新时代强化知识产权保护明确了努力方向，提供了根本遵循和行动指南。在战略规划层面，国家知识产权局已经着手研究制定面向2035年的知识产权强国战略纲要。按照党的十九大报告描绘的“两步走”宏伟蓝图，以及经济高质量发展的现实需求，在数字经济背景下研究传统文化版权开发问题，对进一步凝聚创新驱动能量，具有重要的现实意义。

1.1.4 支撑国家和区域传播能力建设

习近平总书记在党的十九大报告第七部分强调“要推进国际传播能力建设，讲好中国故事，展现真实、立体、全面的中国，提高国家文化软实力”，为面向2035年的版权战略制定指明了方向。《中华人民共和国国民经济和社会发展第十三个五年规划纲要》提出：“加强国际传播能力建设”；《新闻出版广播影视“十三五”发展规划》提出：“传播中国声音、提升中国形象、产品服务‘走出去’的成效和作用更加凸显”。国家传播能力是国家软实力的重要体现，具体由国家媒介产品的影响力组成。文化软实力是与经济、科技、军事等国家实体性资源能力相对应的概念，衡量一国文化软实力最直接的方法是看该国国际文化贸易的结构，一般情况下文化贸易顺差越大，文化软实力就越强。而衡量一省文化软实力的标准，也是看该省文化贸易的结构。改革开放以来，中国经济社会经过40多年高速发展，已从规模化发展阶段进入内涵式发展阶段，国家、社会和个人对精神财富的追求不断彰显。多位学者的研究成果显示，一国人均GDP数值与人均文化产品消费额、版权贸易额有显著正相关关系。考虑到历史发展阶段和区域经济差异，在相同人均GDP背景下，我国人均文化产品的消费额大幅低于发达国家水平，且国际文化贸易长期处于大幅逆差状态，呈现接受型文化消费状态。这表明，中国文化产品消费潜力巨大，但文化产业发展滞后；对外文化贸易活跃，但自主性差；受外部影响大，对外文化影响力小。由此可见，文化版权贸易结构问题显著，进出口结构亟待优化，国际传播能力建设任重道远。中国核心版权产业比较落后，与核心版权产业相关的制造业相对发达。如何做大做强富有区域特色的核心版权产业，有效提升区域传播能力，是面向2035年的版权战略亟须关注和解决的问题。

1.2 研究意义

1.2.1 时代呼唤传统文化产业高质量发展

党的十九大报告提出要“推动中华优秀传统文化创造性转化、创新性发展”。近年来，各级政府和社会各界对传统文化保护日益重视，例如，河南作为中华文明的重要发源地，在持续推进华夏历史文明传承创新示范区建设方面取得明显成效。随着经济社会的快速发展，“传统文化+科技”“传统文化+产品”“传统文化+旅游”等产业模式日益成熟，通过深入挖掘传统文化资源，对传统文化相关的创意产品和衍生品进行版权开发，实现对传统文化更持久的数字保护和更形象生动的展现，在客观上促进了传统文化的广泛传播和创意创作，有效促进了传统文化资源向产业资源转化。

1.2.2 发展版权经济是传统文化产业发展上台阶的难得机遇

在传统文化产业不断进步的同时，放眼全世界，我们仍是一个传统文化资源大国和产业发展弱国。以人工智能技术、5G通信技术等先进数字化技术运用为代表的数字经济浪潮冲击着版权产业，以“知识产权强国”建设为引领，利用政策机遇，开发传统文化的经济价值，将传统文化与更多行业开展跨界融合，实现文化价值与经济价值的最大化。

1.2.3 建立和完善知识产权制度是传统文化现代化的必然要求

随着社会环境和时代审美需求的不断变化，我国传统文化的产业化开发也面临着长久的压力。在现代信息社会，传统文化与新兴技术的结合已成为未来的发展趋势。在智能时代，传统文化可以通过一种更加场景化的方式走进大众生活，实现其在现代社会中的生存和发展，并随着人们文化需求的改变而不断创新。因此，在新时代背景下，随着5G、人工智能、大数据等新兴技术的发展，传统文化的保护、传承与产业开发既面临着严峻的时代考验，又迎来了时代的发展机遇。在与智能技术融合的产业化路径上，需要结合文化产品的内涵与市场需求，充分考虑传统文化表现形态多元、文化地理环境多样、受众差异的背景，借助智能技术，实现传统文化的产业开发和创新发展，寻找符合传统文化资源产业化开发的最佳路径，提升传统文化在信息时代的适应力与创新力，使传统文化的开发更加符合时代需求。

2 数字经济、传统文化产业、版权开发的概念

随着数字技术在各领域的广泛应用与突破创新，数字经济的发展很大程度上改变了社会生产和人们的生活方式。在数字经济背景下，传统文化产业面临新的发展机遇和挑战，版权开发已经成为带动传统文化产业发展、激发其创新活力的重要驱动力。基于此，本章主要对相关概念进行阐述，对当前国内外文献资料及研究成果进行系统梳理、汇总、分析。

2.1 数字经济的概念

对于数字经济的概念，国内外尚未形成统一定义，但主流观点将其视为一种以新技术为载体的新型经济形态或经济活动。近年来，学术界、多国官方机构和国际组织，从不同层面、不同角度对数字经济进行了一系列研究。随着时代演变及对数字经济认识的不断深化，对数字经济概念也有了不同的解读。本章借助超星发现系统的检索功能，搜索“数字经济”，共得到431737个结果，将结果按照“出版日期升序”排列并结合1997年的报纸报道内容，发现首次提出数字经济概念是在1994年，距今已有近30年时间。在这一发展过程中，较为重要的理论成果如下。

被誉为“数字经济之父”的唐·塔普斯科特（Don Tapscott）在《数据时代的经济学》一书中首次提出了“数字经济”概念，他认为，以网络智能为载体，以数字方式呈现经济信息的经济形态即是数字经济①。在

① Don Tapscott. *The Digital Economy* [M]. McGraw－Hill,1997:1－18.

《网络社会的崛起》一书中，卡斯特从时间和空间两个维度研究当前变革的社会，他认为，信息技术是社会变革的动力，是一种由网络构成的新的社会形态。尼葛洛庞帝的《数字化生存》描绘了数字时代新世界的面貌，预言了数字科技对人们生活方式的冲击与影响，他指出，数字经济必将改变我们的生存方式。数字经济带来的经济效益与社会价值引起了政府的重视，美国等发达国家纷纷制定符合各自国情的数字经济发展战略，并对数字经济的概念进行界定。1998 年，美国《新兴的数字经济》报告发布，在官方层面上正式提出“数字经济”。1999 年，美国统计局与美国人口普查局先后定义了数字经济，对数字经济的具体范围进行了界定。这一时期，各国对数字经济的理解基本类似，电子商务与 IT 产业基本是数字经济所指的全部内容[①]。21 世纪初，信息和通信技术（ICT）产业飞速发展，先进的数字技术纷纷涌现并应用于实践，对经济发展产生重大影响。在移动互联网技术运用数字技术与传统产业的融合过程中，传统产业不断转型升级，越来越多的传统行业及新兴行业加入数字经济的行列。数字经济的范围不断拓展，对数字经济进行定义也增加了难度。Facebook（2004 年）、新浪微博（2009 年）、微信（2011 年）等社会化媒体相继出现并流行，社交网络成为全球热点。2008 年国际金融危机重创了传统金融业，给全球经济造成了巨大损失，而苹果公司、谷歌、阿里巴巴、百度、腾讯等数字企业受金融危机影响不大。云计算、物联网、大数据、人工智能等信息技术受到企业重视，数字技术的应用范围不断扩大，并随之衍生出新的经济形态，逐渐成为经济增长新动力。

在我国，“数字经济”概念最早出现在 1998 年姜奇平等翻译的《浮现中的数字经济》一书中。在该书中，“信息”“信息技术”是核心关键词，从信息角度解释了数字经济。姜奇平认为，随着信息技术的崛起，对经济起决定作用的核心资源将不再是货币，而是信息[②]。G20 杭州峰会（2016 年）通过了《二十国集团数字经济发展与合作倡议》，对数字经济概念进行了新的

---

① 田丽．各国数字经济概念比较研究[J]．经济研究参考，2017(40)：101.

② 姜奇平．唯有美国意识到的数字时代秘密：读《浮现中的数字经济》[J]．软件工程师，1998(5)：44.

阐述，指出通过使用信息通信技术，推动效率提升与经济结构优化的一系列经济活动即是数字经济，其关键要素为数字化的知识和信息。至此，数字经济的概念成为全球共识。这些重要论述是我国数字经济创新发展的重要理论基础。

2020 年初，突如其来的新冠肺炎疫情，对全球经济产生巨大影响，不少行业和企业面临严峻考验，数字经济在“稳中求进”经济发展态势中的作用更加凸显。疫情倒逼数字技术的更新换代与创新发展，加速数字经济与实体经济的融合，推动实体经济的数字化进程。数字经济表现为，利用数字信息技术，如互联网、人工智能、区块链、物联网、云计算等，对信息与知识进行数字化处理，实现资源与资本的优化配置的经济形态①。

利用超星发现系统的可视化功能，设置时间范围，对“数字经济”进行检索，得出如下各个时间段对数字经济进行研究的相关知识点（见表 2－1）。

表 2－1 数字经济内涵演化

时间段	数字经济 第一层相关点	数字经济 第二层相关点	数字经济 第三层相关点
1994—2000 年	信息化、数字化、信息技术、数字图书馆	数字技术、互联网、人工智能、电子商务、经济发展	研究、数字图书馆、经济增长、创新
2001—2020 年	信息化、数字化、数字图书馆、经济发展	数字技术、互联网、人工智能、电子商务、信息技术	研究、创新、中国经济、图书馆、数字化
2021 年至今	互联网、数字化、人工智能、云计算	数字技术、物联网、信息化、深度融合、商业银行	创新、信息技术、实体经济、电子商务、制造业

不同时间段，数字经济的相关研究都涉及了数字技术、数字经济的创新发展、数字化等。除共性之外，也有其新的研究特点，2021 年至今，学

① 王聚师，汪俪．区块链·数字经济：未来十年，谁是赢家？［M］．成都：西南财经大学出版社，2020：10－11.

界更加关注数字经济与实体经济、数字经济与行业间的深度融合。对数字经济相关研究知识点的梳理，从一定程度上反映出数字经济当时的发展状况，由此可知数字经济发展的时代特征。

数字经济的发展具有如下基本特征。一是时代性。与传统经济不同，数字经济改变了传统的商业模式、经济结构和人们的生活方式，为经济发展注入新动能。数字经济内涵的不断丰富得益于日新月异的数字技术，而数字技术的融合、创新又催生了新的经济增长点，开拓了新的经济发展空间。因此，数字经济的发展具有鲜明的时代特征。二是共享性。互联网信息技术的发展，创造了多向交流的信息数据共享平台，人人都可利用网络公开、提供、分享、交换信息数据，从数字经济中找到发展机遇并创造经济价值。数字经济已经全面渗透我们的生活，从衣、食、住、行到大国重工，人人都体验着数字经济带来的改变。三是虚拟性。数字经济突破了空间的局限，连接不同国家、不同地区，形成一个巨大的信息网，提高了世界范围内信息交流、商品交易的效率。VR 等数字技术的发展，可创造出现实中不存在的事物，丰富人的感官，以虚拟满足现实需求。

数字经济的发展主要有以下三个方面的影响因素：一是政府经济政策。据《中国数字经济发展白皮书（2021）》统计，2020 年，我国数字经济规模超过 1 万亿元的省份有 13 个①。发展数字经济已成为国家战略的一部分，是推动经济增长的重要引擎，国家自上而下的数字化改革，将为数字经济发展提供政策支持和制度保障。二是信息通信技术与信息通信设施。5G、人工智能、量子信息、区块链等信息通信技术的发展、创新及推广应用，是数字经济发展的关键因素。各企业服务商在数据要素市场顶层设计、开发新技术、强化信息通信设施建设方面的作为也影响着数字经济的创新发展。三是产业融合。数字经济的发展加速了产业融合，表现为“数字基础产业 + 传统产业”，实现传统产业自身的转型升级，也可表现为数字经济背景下不同产业间的融合。数字技术与其他产业的融合，将不断创造新的经济形态，催生新的数字技术，加速传统经济数字化转型。数字

① 国家信息中心.“十四五”数字经济开局呈现新特征[J]. 网信军民融合,2021(8):47.

经济发展影响要素如图 2－1 所示。

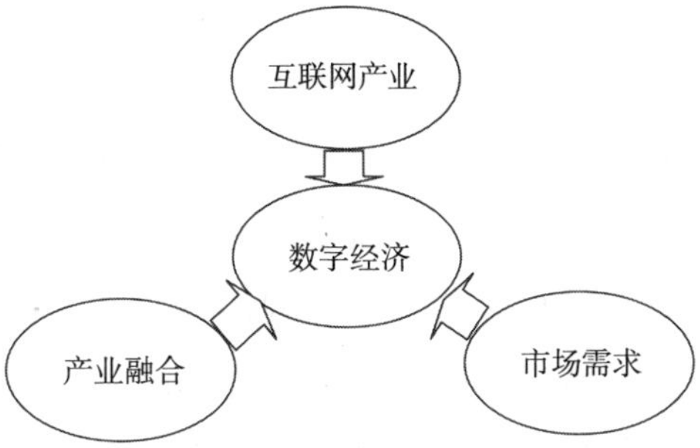

图 2－1 数字经济发展影响要素

由此，我们可以得到几个重要的信息。首先，对数字经济的定义是一个动态的过程，与时代的发展息息相关。随着数字技术的发展，数字经济的概念在不断拓展，范围越来越广。其次，互联网的出现催生了数字经济，网络信息技术的发展加速了数字化进程。数字经济内涵的不断丰富得益于网络信息技术与传统产业的深度融合，这促使传统产业改造升级。传统经济与数字经济的界限越来越模糊，更加强调数字经济与传统产业的深层次、多角度、高质量融合，甚至衍生出新的经济形式。因此，数字经济概念的拓展可看作"数字技术本身、数字技术＋、数字化"的过程。最后，数字经济概念在早期更侧重于数字技术本身带来的改变，随着 Facebook、QQ、微信等社交媒体的流行，数字经济概念更侧重于双向或者多向的互动交流，也就是信息。近两年，数字技术围绕着"人"或者"用户体验"，创造出虚拟现实等更多的经济形态，做到了"无中生有"。结合数字经济概念、特征、影响因素分析，本章将数字经济的概念理解为，以传统经济为基础，以具有时代特征的互联网信息技术为载体，驱动双向或多向通信，交互、融合、延伸，促进全面网络化、数字化、全方位创新的经济范式。

2.2 传统文化产业的概念

通常可以把文化分为广义文化和狭义文化两种。从广义层面来看，文化是指人类在社会历史实践过程中所创造的物质财富与精神财富的总和，即“人化”①。也就是说，人类改造自然和社会实践过程中所创造的一切，都属于文化的范畴。从狭义层面来看，文化排除了物质方面的内容，主要是指意识形态或精神财富等人类的精神活动。古人从伦理道德方面对“文”进行阐释。如《论语·雍也》子曰：“质胜文则野，文胜质则史，文质彬彬，然后君子。”《礼记·乐记》曰：“礼减而进，以进为文”，督促人们提高自身修养，养成美好品德。刘向《说苑·指武》中最早使用“文化”一词：“凡武之兴，谓不服也；文化不改，然后加诛”，意思是用武力征服天下的，并不会被人信服；用文德治理也改变不了的，就可以诛罚他了。这里将“文化”与“武力”对应，提倡以文治教化天下，文化的基本含义表现为以文教化，强调了“以文化人”的重要性。现阶段，作为我国社会主义发展进程中的重要力量，文化仍要发挥其引领作用，落实“文化育人”理念，为培养新时代高素质人才提供动力。

一般而言，传统文化是指在长期历史进程中形成与延续下来的，并仍影响现实生活的各种物质文明与精神文明的总和，包括知识、信念、道德、风俗、习惯、文学艺术等层面，是一种相对稳定的文化表达形式。传统文化是一个产生、成熟、消亡、更新、淘汰、创新、发展的动态过程，因此并不是所有在历史中出现过的文化都被称作传统文化，只有那些历经岁月洗礼延续下来的具有重要价值与生存活力的才是传统文化。中国传统文化是中华民族的智慧结晶，它并不只是历史陈列品或历史残留，更是积淀在我们民族血脉里的气节、气质、精神、灵魂，反映出中华民族的思维方式、价值观念与行为准则，对整个中华民族的延续和发展起着至关重要的作用。在历史长河中，中国传统文化形成了如下基本特征。一是延续性和稳定性。传统作为一个历史概念，在历史演变进程中，没有世代相传的延续，就谈不上传统。二是独特性。中国传统文化具有其民族特色，为中国文化产业的发展提供独特的素材、灵感与动力。三是包容性。中国传统文化源远流长，包罗万象，在代代相传中不断充实，在与现实结合过程中不断更新和发

① 林彦虎．唯物史观视阈中的文化本质新论：兼评广义文化与狭义文化概念的局限性[J]．长白学刊，2021(6)：146.

展，丰富多彩、高深莫测。对于中国传统文化的范围界定，敏泽先生认为，传统文化不仅指古代文化，还应包括自近代与现代以来中华民族反帝、反封建的爱国主义文化传统①。从“中国文化的发生”至“沉暮与开新”，教育部推荐教材《中国文化概论》一书，将中国传统文化的发展历程归纳为九个章节，并将1840年鸦片战争以前的中国文化作为中国传统文化的主要研究对象②，该书对中国传统文化的界定具有一定的代表性。

张岱年、方克立将中国文化的发端与中国人的起源联系在一起，即在中国境内发现元谋人遗址（距今约170万年），根据《中国文化概论》对中国传统文化的阐述，我们把从发端至夏朝建立这一时期的文化称为“上古文化”；夏、商、周时期，中国传统文化逐渐由“以神为本”向“以人为本”过渡，这一阶段，属于传统文化的雏形期；春秋战国时期，“百花齐放、百家争鸣”，奠定了中国传统文化的基本格局；秦汉一统帝国独尊儒术，魏晋南北朝儒释道融合，隋唐文化有容乃大气度恢宏，宋朝理学建构，元明清时期逐渐走向衰落。在历史发展进程中，中国传统文化长期延续发展从未中断，具有强大的生命力。张岱年、方克立等认为，文化变革的根本原因是社会发展的需要。鸦片战争以前，中国处于封建社会，长期的封建政治制度和经济结构反映出的文化也较为稳定，不会产生危机。鸦片战争后，中国开始沦为半殖民地半封建社会，封建经济遭到破坏，封建专制制度随之动摇，传统文化受到西方文化冲击，不能满足当时社会变革的需要，进入了转型期。因此，从广义视角来看，鸦片战争既是民族危机，也是一种文化危机③。

自中华人民共和国成立以来，中国传统文化与马克思主义思想相结合，实现了马克思主义中国化，是传统文化重塑与转型的关键时期。因此，从社会变革与社会发展模式稳定性角度来看，中国传统文化的转型，不仅仅是“中学为体，西学为用”，也包括推陈出新，新旧杂陈。改革开

---

① 敏泽．关于建设有中国特色的社会主义文化问题：论以传统文化为基础的综合创造[J]．社会科学战线，1993(2)：128－129.

② 张岱年，方克立．中国文化概论[M]．北京：北京师范大学出版社，2004：7－8.

③ 张岱年，方克立．中国文化概论[M]．北京：北京师范大学出版社，2004：327.

放以后，中国进入社会主义现代化建设新时期；随着新时代全面建设社会主义现代化国家新征程的开启，中国步入数字化时代。互联网与数字技术的发展，赋予了中国传统文化新的内涵，促进文化的创新与突破发展。根据以上论述，结合中国传统文化发展历程，本书将中国传统文化分为孕育期、雏形期、定型期、转型期、创新发展期五个时期（见图2-2）。为便于研究，本书对中国传统文化的界定范围为距今约170万年前中国境内发现元谋人遗址至1978年改革开放之间的时期。

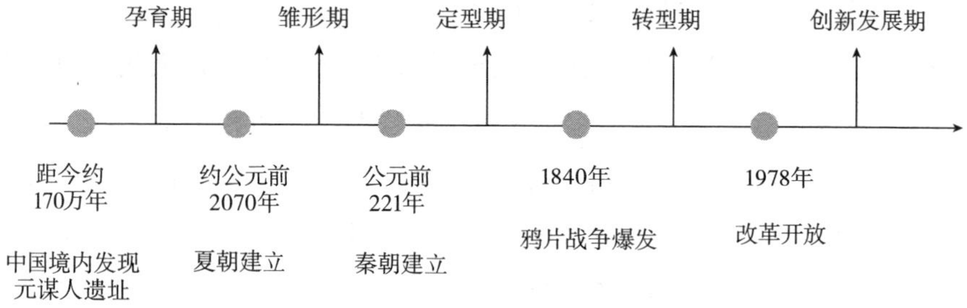

图2-2　中国传统文化发展历程

中华文化积淀着中华民族最深沉的精神追求，党的十八大以来，习近平总书记就推动中华优秀传统文化“创造性转化、创新性发展”提出一系列新思想、新观点、新论断。“创造性转化，就是要按照时代特点和要求，对那些至今仍有借鉴价值的内涵和形式加以改造，赋予其新的时代内涵载体和传播渠道，激活其生命力”，这对文化产业的发展有着深刻的指引与启示作用。文化发展与经济发展之间有着紧密的联系，中华文明博大精深、璀璨辉煌，在文化产业的转型升级过程中，我们有必要对中国传统文化进行挖掘与利用，深入开发中华传统文化底蕴，开拓传统文化价值，培育新型传统文化业态，将中国传统文化元素融入现代经济的发展与变迁。随着经济全球化的深入发展，文化产业已成为各国促进经济增长的重要抓手，其发展潜力巨大，势头迅猛。为推动我国文化产业高质量、持续发展，提升国家文化软实力，国家出台了一系列政策，如表2-2所示。

表 2－2 近十年国家文化产业标志性政策文件

年份	政策文件	相关内容
2012	《文化部关于鼓励和引导民间资本进入文化领域的实施意见》（文产发〔2012〕17 号）	鼓励民间资本投资文化产业发展
2014	《文化部 中国人民银行 财政部关于深入推进文化金融合作的意见》（文产发〔2014〕14 号）	鼓励金融机构建立专门服务文化产业的专营机构，促进文化与金融对接
2014	《国务院关于加快发展对外文化贸易的意见》	发展传统文化产业和新兴文化产业，支持文化与科技的融合发展
2014	《国务院关于推进文化创意和设计服务与相关产业融合发展的若干意见》	强调文化创意和设计服务与实体经济的融合发展
2016	《国务院办公厅转发文化部等部门关于推动文化文物单位文化创意产品开发若干意见的通知》	开发各类文化创意产品，推动中华文化创造性转化和创造性发展
2017	《文化部关于推动数字文化产业创新发展的指导意见》（文产发〔2017〕8 号）	促进优秀文化资源数字化，培育新兴文化业态，推进数字文化产业与相关产业融合发展
2017	《国务院办公厅关于转发文化部等部门中国传统工艺振兴计划的通知》	厚植工匠文化，发掘与运用传统文化元素和文化理念，促进传统工艺发展
2021	《“十四五”文化和旅游发展规划》	“上云用数赋智”，推进线上线下融合发展，推动文化产业全面转型升级

文化产业具体是什么？从政策层面来看，虽然每个阶段国家对文化产业都有不同的政策要求，但是其内容都指向了文化传承、科技支撑与深度融合，这三点是文化产业发展的关键因素。张玉国、朱筱林认为，文化产业包括出版、印刷、录音、多媒体、影视行业和手工设计、工艺品等，指出文化产业不仅是一种知识密集型产业，也是劳动力密集型产业[①]。张晓明将文化产业概括为“从经济到文化；从文化到经济”的两组发展逻辑，即文化与经济在人类社会历史发展进程中的融合，它是一种消费服务业，

① 张玉国，朱筱林．文化、贸易和全球化（上）[J]．中国出版，2003（1）：46.

也是生产服务业[1]。万里对文化产业的定义有两个着重点。一是可提升人类生活尤其是精神生活品质。他认为人类对文化产品的需求是在满足了基本生存与生活需要后产生的，更侧重于狭义文化的内容。二是可用来进行商品交易，应该具有进行生产、流通、消费等经济活动的特性。万里认为，满足以上两点的生产与服务活动即可称作“文化产业”[2]。2012 年，国家统计局《文化及相关产业分类》中，将文化及相关产业分为有形的文化商品与无形的文化服务。笔者认为，数字经济背景下，文化产业的定义不能是简单的“文化 + 产业”，需考虑几个关键词：“传承”“融合”“新技术”“价值再创造”“市场化”。文化产业发展影响要素如图 2 –3 所示。

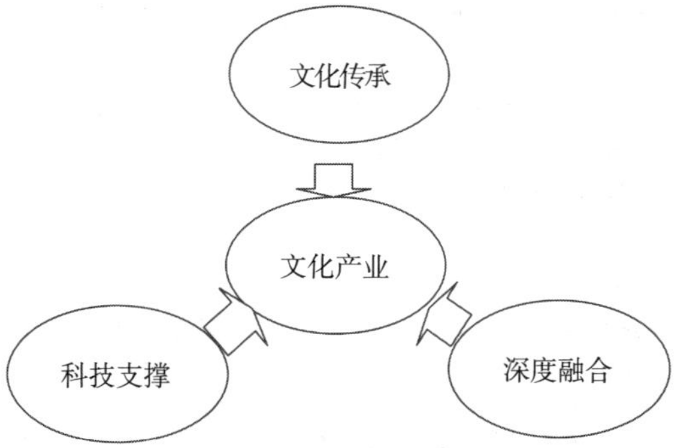

图 2 –3　文化产业发展影响要素

基于以上考虑，笔者尝试将传统文化产业定义为：以传统文化为母本，利用新兴技术，在“传统文化 +”的跨界融合中，对传统文化进行发掘、利用、修复、发展和价值再创造，实现传统文化物质化、文化产品服务化，并由此衍生出新型经济模式的市场化过程。我国不同地区历史资源、文化优势不同，传统文化产业的分布也有其区域性特征，如大型文化季播节目《上新了 · 故宫》，山东的国际孔子文化节，河南省“只有河南 · 戏剧幻城”等呈现出遍地开花的趋势。中国传统文化产业以多种形态出现，如《甄嬛传》《功夫熊猫》《花木兰》等电视、电影制作，博物馆文创周边，民俗文化旅游胜地，汉服热等“传统文化 +”形态，涉及演

① 张晓明．从全球化视野看文化产业发展的机遇与挑战[J]．城市观察，2009(3)：38 –39.
② 万里．关于“文化产业”定义的一些思考[J]．湖南第一师范学院学报，2001，1(1)：17.

艺、娱乐、动漫、创意设计、数字文化、艺术品、工艺美术、文化会展、文化装备制造等多个层面。

2.3 版权开发的概念

版权，由西方 copyright 翻译而来，其原意仅指复制权。我国相关专门法律以《中华人民共和国著作权法》（以下简称《著作权法》）命名，并专门指出“本法所称的著作权即版权”。《著作权法》规定：著作权（版权）是指创作者依法对其创作的文学著作、科学作品、艺术作品所享有的合法所有权，著作权包括人身权和财产权（见表 2－3）。版权的人身权又称作“版权的精神权利”，是指创作者对其创作作品享有的与人身权益密不可分的权利，根据我国法律规定，版权人身权包括发表权、署名权、修改权、保护作品完整权等权利。版权的财产权又称作“版权的经济权利”，是指创作者及创作者授权的其他人，通过作品使用获得相应经济报酬的权利。著作权中的财产权具体包括复制权、发行权、出租权、展览权、放映权、表演权、广播权、改编权、摄制权、网络信息传播权、翻译权、汇编权和应当由著作权人享有的其他权利，其中复制权是著作财产中最基本、最重要的权利。版权是创作者所拥有的涵盖文学、艺术和科学领域内的一切智力成果在法律上的经济体现。它是重要的资源要素，对我国先进文化生产力的发展、民族文化创造力的保护、国家文化软实力的提升都有着重要意义，对我国文化发展起着基础性的作用。版权具有创新属性、经济属性、文化属性及意识形态属性①，支撑着新闻出版、文学艺术、广播影视、文化娱乐、信息网络等版权产业的高质量发展。

① 张建春．全面加强版权保护 推动构建新发展格局[J]．中国出版，2021（12）：3．

表 2－3　著作权（版权）权利分类

总　称	大　类	小　类
著作权（版权）	人身权	发表权、署名权、修改权、保护作品完整权等权利
	财产权	复制权、发行权、出租权、展览权、放映权、表演权、广播权、改编权、摄制权、网络信息传播权、翻译权、汇编权和应当由著作权人享有的其他权利

《著作权法》规定，与作者人身联系最为紧密的署名权、修改权、保护作品完整权，即使作者死亡也不容侵犯。而著作人身权中的发表权，是有时间期限的，为作者终生加死后50年，著作权保护期终止后，作品就不再受版权保护，成为公共版权作品。对于公共版权作品，任何人都可不经作者许可，不向其支付报酬进行使用获取经济价值，很显然，我们的传统文化著作几乎都是公共版权作品。美国迪士尼动画片《花木兰》是根据我国传统文化故事原型《木兰辞》打造的；日本游戏《三国志》是基于中国优秀文化作品《三国志》开发的；美国动画片《功夫熊猫》，功夫（武术）是中国的国粹，熊猫是我们的国宝。中国传统文化给开发者带来了巨大的经济效益，而作为这些优秀作品的故乡却没有从中得到任何版权收益，中国传统文化的版权保护与版权开发迫在眉睫。

版权开发，是指围绕版权资源开展多个媒体、多种形式的版权开发业务，从而拓展内容产品的价值实现渠道的一种商业模式①。以儒家思想为核心的中国传统文化，强调人的道德责任与历史使命，重视精神教化，忽视经济利益，倡导不计个人得失，顾全大局，无私奉献。这种文化教育思想更侧重于知识的广泛传播与共享，而并非谋利②。因而，中国传统文化作品一般是以传道、授业、解惑为己任，“君子喻于义，小人喻于利”便是最好的说明。而版权开发的目的之一则是以实现版权作品的产业化来获取经济价值与商业价值，版权保护下的作品受众可能会存在限制条件。但中国传统文化的发展与版权保护、版权开发并不是相互对立的，反而能更好地促进彼此间可持续发展。中国历史文化资源包罗万象，为版权开发提

① 岑励．我国网络文学的版权开发研究：以《花千骨》为例[D]．南京：南京大学，2016：11.

② 黎六娅，汪虹．版权战略与中国传统文化产业的发展[J]．经济研究导刊，2010(10)：150.

供了丰富的素材与广阔的空间，中国传统文化的恰当开发，将带动相关产业的发展，产生巨大经济效益与精神价值，是版权保护与版权开发的动力。而对传统文化进行版权开发，则是对中华民族文化身份的认同和保护，是对文化独特性、多样性的尊重。版权开发应兼顾社会文化与经济效益，保护版权作品合法权益，同时促进文化不断进步。

2003 年，世界知识产权组织发布《版权相关产业经济贡献调查指南》，根据对版权保护的依赖程度，将版权产业分为四类：核心版权产业、部分版权产业、发行版权产业、版权关联产业（见表 2 –4）。核心版权产业是指对版权作品进行再创作、生产、复制和传播的产业，主要包括广播影视行业、音乐出版业、图书杂志出版业、计算机软件业等；部分版权产业是指部分享有版权的产业，如玩具制造业、纺织品业、建筑业等；发行版权产业是指对版权作品进行批发和零售的产业，如图书、报刊、电子音像制品的批发零售业及相关运输业；版权关联产业是指利用版权作品获取经济效益的相关设备的生产与维修产业。

表 2 –4　版权产业分类

总　称	大　类	小　类
版权产业	核心版权产业	广播影视行业、音乐出版业、图书杂志出版业、计算机软件业等
	部分版权产业	玩具制造业、纺织品业、建筑业等
	发行版权产业	图书、报刊、电子音像制品的批发零售业及相关运输业
	版权关联产业	利用版权作品获取经济效益的相关设备的生产与维修业

数字经济背景下，人工智能、区块链等新技术在版权领域的应用范围不断扩大，版权产业与互联网等数字技术深度融合，版权保护得到重视，文化衍生品得以开发，由此衍生出许多新兴业态。2020 年，中国网络版权产业推动市场规模达 11847.3 亿元，同比增长 23.6%，市场规模首次突破一万亿元①，版权产业已经成为我国国民经济的重要支柱产业。自《著作权法》颁布以来，紧扣经济社会发展需求，已经对著作权法进行了三次修订，进一步带动了民众版权意识的增强。基于版权开发、保

① 中国网络版权产业发展报告(2020)[R]. 国家版权局网络版权产业研究基地,2021:36.

护与利用的新兴产业发展潜力巨大，并逐渐渗透到我国经济社会与文化发展各方面，版权产业的多样化、高质量繁荣发展已成为必然趋势。2015 年，《花千骨》由一部网络文学拓展至出版行业，随之，电视剧版《花千骨》大热，逐渐带火了漫画、游戏与周边产业，逐渐被打造成一个多元化的文化品牌。李子柒借助美食短视频展示中国传统文化之美，火爆海外视频平台；故宫博物院发布“雍正：感觉自己萌萌哒”动态图，在社交平台广泛转发，打造故宫文化 IP；《中国诗词大会》节目用新方式讲述传统文化；这些都是版权多样性开发与跨领域合作的成功案例。由于中国传统文化具有区域性特征，传统文化的版权开发也应充分尊重和利用区域特色与文化优势，挖掘版权资源，培育地区特色版权产业，实现地区传统与现代、文化与经济的协同发展。

2021 年，河南卫视以中国传统节日为纲，选择龙门石窟、《洛神赋》、河南博物馆、《清明上河图》等地方传统文化元素①，采用实景拍摄与 AR、XR 等现代科技相结合的方式，通过版权保护与开发，打造系列文艺晚会 IP，将中国传统文化以逼真、震撼的视觉效果再度呈现在大家面前，让更多人理解中原文化之美，了解文化传承与版权开发的重要性。《唐宫夜宴》《元宵奇妙夜》《端午奇妙游》《中秋奇妙游》等系列节目展现了古代服饰、妆容、文物、传统习俗、舞蹈、泥塑、戏曲、打铁花、舞狮等传统文化元素，赋予经典和传统新的生命力，相隔时空，依然鲜活，引起了青少年群体的广泛讨论。河南卫视《中国节日》系列节目，借助快手、抖音、微博、B 站等各大社交媒体平台与观众进行互动，“河南卫视杀疯了”等微博话题持续发酵，扩大了节目的影响力。“河南卫视出圈”彰显了中国传统文化魅力，得益于互联网时代融媒体等新技术对传统文化的挖掘与版权开发。以版权相关法律制度为支撑的文化产业，已经将商业、科技与文化紧密结合在一起。

《中国文化要略》一书被国内 50 多所高等院校指定为大学公共课教

---

① 吴畅畅．浅议河南卫视“中国节日”系列短片的“文化中国性”[J]．新闻与写作，2021(12)：92.

材，全面反映了中国古代文化成就。根据《中国文化要略（第3版）》对中国传统文化的分类，结合版权产业分布情况，可知版权产业与中国传统文化元素并不是一一对应的关系（见表2-5），一种版权产业可涉及多个传统文化元素。版权产业的发展需要具有丰厚底蕴的中国传统文化的支撑，对中国传统文化产业的版权开发同样不能“只见树木，不见森林”，要着眼整体，从大局出发。

表2-5 版权产业中的中国传统文化元素

版权产业		涉及中国传统文化关键元素
核心版权产业	广播影视行业	儒释道思想、宗教信仰、古代教育、科举制度、四大发明、传统建筑、书法艺术、雕塑艺术、绘画艺术、器物艺术、茶艺、服饰、婚俗与葬俗、民族节日等
	音乐出版业	传统戏曲艺术、民族音乐艺术等
	图书杂志出版业	儒释道思想、典籍藏书、古典文学等
	计算机软件业	传统建筑、书法艺术、雕塑艺术、绘画艺术、器物艺术等
部分版权产业	玩具制造业	传统建筑、雕塑艺术、戏曲艺术、器物艺术、民族祥瑞动物、民族节日等
	纺织品业	传统服饰、戏曲艺术、婚俗与葬俗、民族节日等
	建筑业	传统建筑
发行版权产业	图书、报刊、电子音像制品的批发零售业、运输业	儒释道思想、汉字文化、民族节日
版权关联产业	相关设备的生产与维修业	传统艺术、传统科技成就

3　传统文化、产业资源与版权资本发展演化

市场经济是影响传统文化产业现代化发展的关键因素，版权制度是重要的保障条件，传统文化、产业资源与版权资本间的逻辑关系是实现传统文化产业版权开发现代化的理论支撑。

3.1　传统文化产业化：社会效益与经济效益的二元博弈

传统文化在中国历史进程中起到了核心作用，是中华民族的精神命脉，也是中华民族能够屹立于世界民族之林的根本。在经济全球化和高度信息化的社会中，不同文明、各类文化间的交流、碰撞愈发频繁，对人们精神世界的影响愈发多元化，不确定性增加。在这样的语境下，传统文化在凝聚社会共识、形成民族精神和个人价值观方面起到积极的作用，其社会效益彰显。

自改革开放以来，经济社会快速发展，中国特色社会主义市场经济体制逐步确立，市场开始在资源配置中起决定作用，传统文化的传承与发展面临新的机遇和挑战。机遇和挑战主要存在于传统文化现代化的议题上，例如，传统文化的现实价值问题、传统文化传播载体现代化问题等。纵观此类问题，其本质还是传统文化产业化过程中社会效益与经济效益的二元博弈和实现问题。

第一，随着经济社会发展水平的不断提升，人民群众对文化产品的需求，对发展中国传统文化产业化的愿望更迫切更直接了。从经济层面上看，中国发展方式由数量型向质量型转变，由粗放型向集约型转变，不再将追求 GDP 高速增长作为首要经济目标，而是注重经济效益和社会效益的

同步发展。从政治层面上看，2012 年党的十八大站在历史和全局的战略高度，对推进新时代“五位一体”总体布局做了全面部署，提出“创新、协调、绿色、开放、共享”的新发展理念，更加注重内涵建设。政治和经济层面新理念、新思想的影响直接在社会治理结构上显现，例如，政府直接推动的社会主义核心价值观宣传，在凝聚社会共识、实现群众自治上起到重要作用，核心价值观的提出与广为传播都源自传统文化的积淀。

与此同时，社会主义文化事业呈现需求旺盛与自主供给能力不足的局面，例如，新冠肺炎疫情期间，很多电影院开业以后面临无片可放、观众面临无片可选的局面，这都说明现有传统文化产业版权开发制度亟待改进。以影视版权产业为例，近些年也出现了一些叫好又叫座的电影作品，但大多是现象级或政府、行业组织共同推动传播的节庆产品。以票房冠军《长津湖》为例，在新冠肺炎疫情肆虐的不利条件下，该片不仅创造了中国国庆档期票房纪录，而且成为中国影史票房第一影片。但《长津湖》登陆北美电影市场的成绩却与国内大相径庭。回顾该影片在国内市场的成功经验，主要有以下三点：一是弘扬爱国热情，既贴合国民情感又契合时政热点；二是政策支持，头顶国产大片的光环，又是厚积薄发、多方重点支持制作的献礼影片，得到各级政府、多项政策的累积性支持；三是市场需求，新冠肺炎疫情期间，国际电影市场惨淡，好莱坞大片制作基本陷入停滞，国内观影需求旺盛。因此不难看出，该影片在国内的成功与政府和民众支持分不开，在国外缺少了政府直接支持和文化土壤。中国影视版权开发过程中社会效益与经济效益的二元属性，使得两者的矛盾性在此充分体现。一方面，文化产品要起到凝聚社会共识、培育民族精神的作用，在制作和传播过程中要考虑到诸多限制；另一方面，文化产品要进行市场化运作，要按照市场规律灵活经营，鼓励创新创造。在诸多限制和创新创造间必然出现相互掣肘的情况。传统文化产业的版权开发将在此二元博弈中发挥重要作用，有利于彻底划清两者之间的界限，做到二元博弈的有机统一。

第二，传统文化产业化发展迅速，群众参与国学经典、历史文化传承活动和学习的热情高涨。随着经济社会的不断发展，人民收入水平的不断提升，对学习尤其是内涵式学习越来越重视，国学内容通过与现代学习媒介融合的方式广为传播，初步实现了社会效益与经济效益的协同发展，堪称中国传统文化产业版权开发的成功案例。例如，开播于 2001 年的《百家讲坛》节目，在传统文化产业版权开发实践中的成功引人深思。

一是扎根中华文明搞创作。《百家讲坛》栏目以“构建时代常识，享受智慧人生”为宗旨，于 2001 年开播，2006 年形成收视高潮，其主干节目参照中国古代文学史“三古七段”的划分方法设置打造了经典栏目，在主讲人的讲授下，将中国古典文化呈现给观众，打造了百家争鸣的自由讲坛。《百家讲坛》不仅仅局限于中华传统文化，还吸纳了不少研究欧美的文化名家走进讲坛，通过生动的讲解在中西文化对比间彰显中华传统文化的伟大与宝贵。二是按照市场规律搞开发。《百家讲坛》节目的传播内容是传统文化，其本质属性是一档电视节目，要靠市场运营获得受众认可，达到一定收视率，从而实现经济效益。《百家讲坛》是一档地道的科教节目。科教节目肩负电视节目传播中教育与服务的职能，在寓教于乐理念的指导下，需要利用多样化的传播方式、丰富的传播手段提高节目传播效果。《百家讲坛》节目采取的是以主讲人为中心的个性化定制、板块化结构系列播出的传播方式，推出了《易中天品三国》《于丹论语感悟》《刘心武揭秘红楼梦》《王立群读史记》等栏目。一位位现实生活中的教学名师，在现代化的传播平台上依据大众流行口味，将电视连续剧甚至评书的文字和语言表达技法引入讲座，在吸引观众、提高收视率和普及传统文化知识中找到了平衡点。《百家讲坛》节目的成功有力印证了人民群众对传统文化的需求，易中天、于丹、王立群影响力不亚于互联网流量明星，权威性与前卫性并重，角度新颖与个性张扬的表达形式已经深入人心。三是社会效益与经济效益的共赢。《百家讲坛》在提高收视率的同时，传承了文化。《百家讲坛》节目中不少主讲人的观点在学术界引起了波澜，学者对主讲人极富主观色彩的观点褒贬不一，很多问题在争议中探讨，在探讨中推动问题解决，促进积极的学术争鸣氛围形成，带动观众接受传统文化熏陶，达到提升国民素质、促进文化传承的目的。

第三，保护、传承、开发传统文化资源已经成为社会共识。有学者总结了以往传统文化资源产业化开发的三种模式。一是为了开发而开发，这种模式通常由政府文化部门牵头，在具体政策目标引领下完成工作任务，是对工作职能的履行，不是因为市场需求。在这种模式下，传统文化资源丰厚、可开发性强，区域相关产业基础好的时候可以快速实现版权产业聚集发展，但两个条件缺一不可，否则将面临失败。湖北荆州是三国文化的重要传承地，关公文化在此发展兴盛，是荆州历史文脉的核心内容。缘于此意，当地建设了一座高达 57 米的巨型关公雕像和整体投资 8 亿元的关公义园，园区建设不仅违反了《荆州历史文化名城保护规划》，而且入不敷出，最后被迫搬移，成为“拍脑袋”开发的典型反面案例。

二是为了保护而开发，开发对象大多是濒临灭绝或少有人关注的传统文化，保护是目的，开发是手段，这一类也是以政府主导为主，期望利用开发带来的经济效益和社会关注保障传统文化资源的永续传承与利用。这一类开发兼顾传统文化资源的传承与产业化，形式以旅游开发为主，也有影视开发形式。

三是为了开发而保护，主要针对那些具有独特价值，不可再生、不便转型的传统文化资源，要坚持先保护后开发的原则。① 随着数字技术等新媒体手段的发展进步，对传统文化产业开发要保护与开发同时进行，采取政府引导与市场引领有机统一的模式。例如，云南丽江传统文化资源的版权开发，立足本地的世界文化遗产、自然历史文化资源、民族文化资源等特色资源，沿着文化旅游产业的开发路径，以展示滇西北少数民族风情和体会世界文化遗产地历史价值为主要目的，开发出“古城听纳西古乐”“看东巴歌舞表演”“白沙壁画东巴文化博物馆”“东巴宗教仪式”等版权产业样态，在开发与保护和谐发展中形成了文化旅游的丽江品牌，被文化和旅游部命名为“国家级文化产业示范园区”，成为县域层面传统文化产业版权开发的模范。

① 王钰. 论历史文化旅游资源开发与保护：以天津为例[J]. 北方经贸，2005(5)：64.

3.2 文化资本：人文价值与经济价值的和谐统一

市场经济语境下的文化资本，一般是指能带来价值增值效应的文化资源，能够产业化，能够以财富形式来衡量资源价值。

第一，文化资本化是文化资源产业化的结果。可以笼统地将文化资源与自然资源看作主观与客观的关系，自然资源是客观存在，是文化资源形成和发展的基础。文化资源是一种特殊的资源，是人类在改造世界的过程中创造的，它包括文学、艺术、教育、科学、戏剧、戏曲等。文化资本是著名学者布尔迪厄对马克思资本理论进行非经济学解读后提出的概念。他认为，文化资本是人类努力积累和占据的各类资本之一，目的是通过这种行为提升和维护自身的社会地位。文化资本不同于金融资本等其他资本，具有具体性、客观化、体制化并存的特征。其具体性体现在可商品化、可实物化，文化商品或文化产业价值可以通过具体化的商品或服务被人们消费和感知，也可以用具体的金钱衡量其价值。客观化体现在文化资本价值存在必然性和稳定性，文化资本以文化资源为基础，源于人类对客观世界的认识，文化资源虽然时刻处在发展变化中，但是短时期内仍处于相对稳定的状态，与同世之人同在，文化资本的价值即便有高低起伏但客观存在是相对稳定的。体制化体现了文化资本与政治和意识形态的共生依附关系，文化资本虽然具有较强的经济属性，但是兼具强烈的社会属性，此二者博弈发展的态势明显，尤其是在国与国之间的政治博弈中。所以说，文化资本是以金钱价值的方式来体现文化资源的价值积累，在吸纳社会资本的同时为传统文化的传承创新提供动力。传统文化资源资本化就是传统文化资源向传统文化资本转化的过程，有效的开发与运作会使传统文化焕发新生，推动传统文化创造性转化与创新性发展。

第二，文化资本的生命活力在于传承与创新。文化资本的运营参与者主要是文化产品的创造者和接受者，创造者就是文化资源挖掘者、研究者，文化商品研发者、制作者，文化服务提供者；接受者就是消费者。文化产品呈现二元特征，文化产品与创意共生，创意客体是文化资源，也就是文化的内在价值，产品呈现的载体是形态、体验、服务、互动等外在形式。传统文化资源有静态和动态之分，有些长年累月在乡土时空或者区域范围内传承演变，有些通过现代化手段广为传播互动。通过观察可以发现，能够把资源存量变为流量资源的，往往会演化出文化资本，然后文化资本通过影响力作用于社会，从而促进传统文化资源的传承与创新，形成新的文化资源。所以说，在文化资本运营过程中存在四个要素，它们相互作用，进行传承创新活动，从而实现文化资本与文化资源之间的良性互动发展。一是正向发展。传统文化经过长期的孕育和发展积累了丰富的可开发资源，随着经济社会的快速发展，人们对传统文化需求提高，传统文化产业现代化开发的商机逐渐显现。作为传统文化产业开发主体的创造者经过研究调查和市场分析确认可开发性，引入社会资本进行产业化开发。随着开发逐渐深入，产业基础越来越牢固，形成规模效应，开发路径逐渐清晰，形成文化资本，文化资本反过来影响受众和创造者，从而对传统文化资源传承创新起到促进作用（见图3－1）。与此同时，也有反向作用的逻辑：作为传统文化资源产业化开发客体的广大受众，在经济社会不断发展的作用下，收入逐渐增加，对文化消费的需求越发强烈，对现有文化产品的强劲消费有力刺激了社会资本的投资欲望，社会资本瞄准市场需求，对传统文化资源进行挖掘创造，在文化产业化过程中实现对传统文化资源的传承创新，形成文化资本，达到两者的良性互动（见图3－2）。所以说，文化资本的生命活力在于传承和创造。

第三，文化资本的发展需要版权制度的有力支撑。版权制度是自21世纪以来引领全球文化贸易的核心制度，其主要目标是通过对创新创意成果的保护，不断推动文化产业发展。随着我国对外开放的不断深化，伴随经济深度全球化的是文化交流的全球化。21世纪初，以美国时代华纳、迪士尼公司为代表的跨国传媒集团相继成立，它们凭借强大的版权创造能力引领着全球文化产业创新。我国作为世界四大文明古国，在几千年中华文明宝库中，蕴藏了丰富的传统文化资源IP，深度参与全球版权贸易，通过版权开发和版权贸易在全球文化贸易中占据应有地位，是新时代文化产业屹立于世界民族之林的关键。

首先，文化资本的核心创意内容需要版权保护。传统文化产业开发的

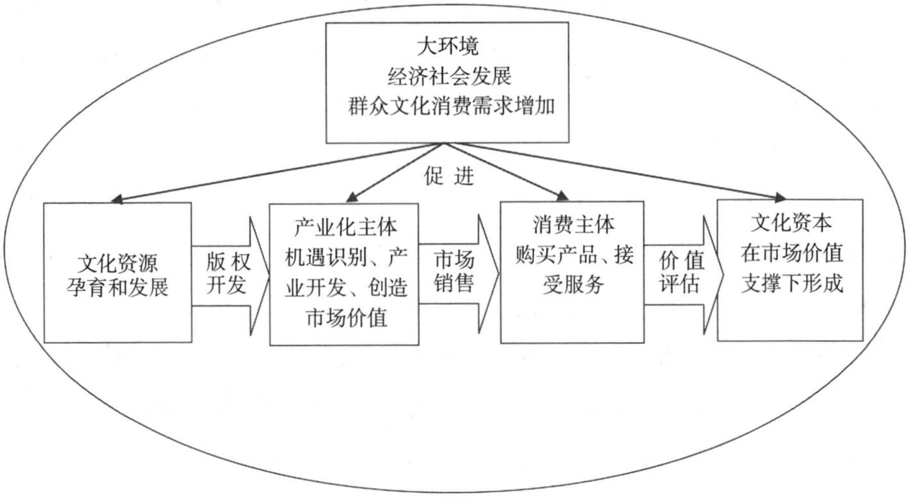

图3－1　传统文化资源与文化资本互动原理1（正向生发）

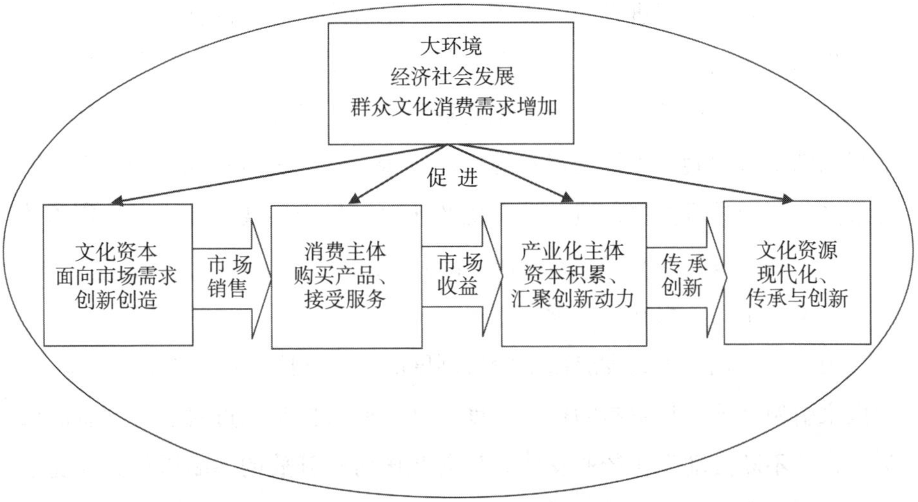

图3－2　传统文化资源与文化资本互动原理2（反向促进）

核心是创意内容，每一项传统文化都有其独特的内核，通过创意实现可复制的生产，其唯一性是保证产品竞争力的重中之重。例如，观看美国迪士尼公司的动漫作品，虽然在电影院体验更好，但不花钱在家里看肯定是更多人的第一选择。离开了版权制度，迪士尼公司的影视作品、电影票房必然大打折扣。又如，迪士尼的衍生产品玩偶大多在中国代工，我国的工厂经过常年代工的经验积累，生产的质量达到较高标准。我们要看到的是，一个创意玩偶，经过迪士尼正版授权，不仅获得了官方认可的合法销售渠道，而且可以卖高价，如果私下有和代工厂同样的非授权商品生产，不仅会面临高风险法律制裁，而且价格要低很多。由此可见，文化资本离不开版权制度。其次，文化资本的金融运作需要版权制度。文化资本作为市场产物需要衡量其价值，版权制度为此提供了可能和保障。对一部文学作品来讲，它的价值高低可以用版权价值测算来实现。一般来看，涉及文学作品版权价值的有复制权、发行权、改编权、翻译权等，遇到需要价值评估时，可以按用途对照相应的目标、权利，按照市场规则进行价值评估；需要购买发行权的，按发行范围、定价、市场实际情况等估价；需要购买改编权的根据改编形式和市场预期估价。最后，文化产品的依附性决定了文化资本运作中需要对版权制度进行权属界定和利益分割。传统文化产品内容多体现在创意和精神层面，其优势在于与创意的聚合，在于和最新技术的融合。同为高新产品，发明专利和实用新型涉及专利制度保护，创意由谁来保护。例如，一项基于某文学作品的电脑游戏开发，游戏开发涉及程序书写、最新的影音效果应用、人物再现的造型设计、情节改造等。在不同环节中，产品创造方或多或少的贡献需要制度界定和权属划分。在这之中，版权制度将充当重要角色。

3.3　版权资产：传统文化价值的现代化传承开发

从传统文化资源到文化资本再到版权资产，其不变的是文化内核，变化的是诸如电影、电视节目、歌曲、音乐、动漫、摄影作品、报刊等传统文化资源衍生产品的形式。版权资产形成的过程就是传统文化资源遵循工业化生产流程，从传统文化资源发现、开发、创意、生产、流通、销售、消费，到商家价值实现的全链条。版权资产的概念至少包含四层含义：一是成为版权资产的传统文化资源的价值虽然不完全由市场决定，但在版权开发过程中实现了市场价值；二是不同传统文化资源，产业化方案不同，不是全部都可以开发，其版权资产的呈现形式也多种多样；三是传统文化资源可能没有明确的权属，但由此转化而成的版权资产有明确的权属关系；四是版权制度支撑下的传统文化资源版权开发活动得到的版权资产能有效增加市场价值，同时其外部性会促进传统文化资源的传承与创新。

第一，版权资产的形成从文化创意出发。例如，影视剧产业传统文化产业的开发围绕虚拟叙事文本展开。在文化产业发展中，位于同心圆核心位置的是纯创意艺术，通过创意工作激励产业发展。在基于传统文化产业版权开发的实践中，影视剧创意生产基于作品传播速度快、覆盖范围广，虚拟故事与文化资源对接能力强，高科技创新性元素融入方便，周边产品和产业可开发性好等特点，从中心向四周进行版权开发，实现产业化进程。首先，直接通过影视生产创造产品，形成版权资本的雏形。自进入近代以来，影视业成为资本和技术密集型产业，工业化、规模化发展趋势明显。美国好莱坞电影集团通过高度专业化的运作，细化分工协作，是全球电影版权贸易市场的领导者。其通过多年运作形成了庞大的电影版权资产，加上资本化运作、市场化制作和创意，生产的爆款产品动辄就是几十亿美元的票房收入。以电影发行放映成功为起点，电影版权衍生产品开发也成为常规操作。其次，通过影视发行和放映（播放）赚取票房与影响力，构建同心圆的圆心。电影和电视节目发行是影视产品走向市场成为商品的必由之路，通过发行连接生产和销售环节。电影和电视节目放映（播出）是影视商品消费过程，连接了销售商和消费者。通过这两个环节，影视产品的价值经过市场检验，从票房和收视率上对版权价值进行了第一轮“公开评估”，票房和收视率成为衡量版权价值的直接影响要素和基础条件，成为影视版权资产同心圆中的中心部分。最后，通过市场化运作，画出影视 IP 的同心圆（见图 3－3）。影视作品中相当一部分创作源自文学资源，呈现出不同的样态，面向不同的受众群体。以西方《魔戒》和中国《封神演义》两个神话故事的开发为例，《魔戒》系列故事成书于 20 世纪 50 年代，被公认为近代奇幻文学的鼻祖，其虚构了一个中土世界，讲述了中土世界各族人民联合起来反抗黑暗势力魔君索伦的故事。《魔戒》系列故事被翻译成 60 多种语言，并衍生了漫画、电影、电视剧、广播剧、音乐、电脑游戏等产品。在中国市场广为人知的《魔戒》三部曲电影和“冰封王座”电脑游戏都是其版权价值的衍生开发，《魔戒》的版权资产同心圆画得越来越大。中国《封神演义》俗称《封神榜》，讲述了西周时期武王伐纣的故事，故事以历史观念、政治观念为思想框架，构筑了宏大的神话世界，塑造了一批鲜活的人物形象，可以说是中国传统文化资源中现代化版权开发的宝库。自近代以来，中国文化产业界围绕《封神演义》进行了不少现代化开发的尝试。比如，1990 年版的电视剧《封神榜》、2006 年版的电视剧《封神榜》、2013 年版的电视剧《封神英雄榜》等都是电视剧开发的代表作品；2019 年的动漫电影《哪吒之魔童降世》、2020 年的动漫电影《姜子牙》是电影开发的代表作品。除此之外，引入封神神话人物或故事情节的文学作品、影视作品更是不胜枚举。对比《魔戒》和《封神榜》可以发现，中国传统文化资源的版权开发无论是在开发深度还是广度上都存在明显差距，产品开发系统性差，对外影响力弱。

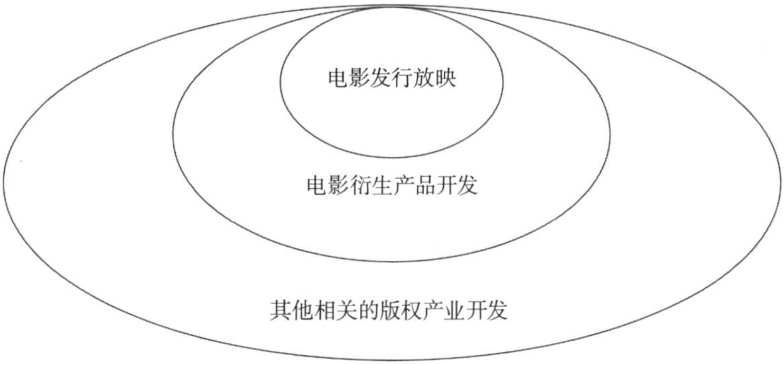

图 3－3　传统文化产业电影开发同心圆模型

第二，周边文化产业发展带动版权资产增值。以影视剧方面的传统文化产业版权开发为例，影视剧是一种外部性很强的版权产品，可以通过多种形式实现与不同产业样态的融合发展。“影视＋旅游”可以做主题乐园，“影视＋服饰”可以进行联名开发，“影视＋音乐”可以售卖作品配乐，“影视＋游戏”可以进行人物形象或故事情节授权。以美国迪士尼公司为例，公司从动画制作起步，经过近百年发展，成长为全球顶尖的动漫王国，目前旗下主要业务是动画作品和动画衍生品。迪士尼公司以动画片制作为原点，以“童真”为思想内核，不仅为孩子制作电影，还为成年人提供实现和表达童真的机会。改编自莎士比亚《哈姆雷特》的《狮子王》，改编自安徒生《美人鱼》的《小美人鱼》，将悲剧变喜剧，利用新的讲述方式和表达技巧，使传统故事焕发新生，在现代社会成功完成了对传统文化资源的版权开发。迪士尼公司的创作者放眼全球寻找创作源泉，中华上下五千年文明中的不少传统文化成为他们的创作 IP，例如，改编自花木兰代父从军故事的动漫电影《花木兰》，以及在中国国宝大熊猫形象和传统功夫上创作的动漫电影《功夫熊猫》，不仅成功打动了中国观众，也在全世界创造了不菲的票房。迪士尼公司创作团队在做好核心业务的同时，还将视线投入影视版权衍生产业链开发，影视主业虽然在产业链中处于顶端地位，但是在营业额和利润额中并未占据绝对优势。音乐在迪士尼影片中占据重要地位，常作为叙事或转场的手段，融合流行歌曲和经典旋律的音乐，搭配上动人的歌词，使不少作品成为经久传唱的经典曲作，成为重要的衍生产业。其他的衍生产品还有图书、玩具、音像制品、服务、文具等，一个成功的影视版权经过全产业链开发，其衍生品收入往往大于影片本身的票房收入。经典动画《狮子王》前期投资大约 4500 万美元，票房接近 8 亿美元，但它的衍生品开发收入达到了惊人的 20 亿美元，不仅创造了动画作品版权开发神话，也开创了影视版权开发的迪士尼模式。迪士尼公司影视作品版权开发的主要渠道还有迪士尼乐园。迪士尼乐园是迪士尼公司旗下主题乐园的总称，第一站以此为主题的乐园于 1955 年开业，香港和上海也有开设，尤其是上海的乐园带动周边发展，形成了中国文创产业的新高地。迪士尼乐园包含的内容远不止主题乐园，一般还包括诸如迪士尼冒险乐园、影城等其他主体乐园，还有主题酒店、迪士尼小镇等一系列休闲娱乐设施。这一系列的周边文化产业开发活动，不仅为版权所有者带来了实实在在的现实收益，而且有力促进了版权资产保值增值。

第三，版权资产溢出效应带动传统文化周边产业发展。传统文化产业经过版权开发形成版权资源的过程也是传统文化发散传播的过程，版权资产具有注意力经济属性，往往自带人流和信息流，能产生明显的行业带动效应。我国有着几千年的文明历史，地处黄河文明发祥地的河南省开封市是享誉中外的历史文化名城。随着以四大名著《水浒传》等为代表的反映宋代人文历史风貌文学作品的广为传播，开封市被烙上了“宋都”的文化印迹，成为中国传统文化留给城市的一笔宝贵财富。

随着人们生活水平的提高，人们对文化旅游消费有更为强劲的需求。开封市在“宋文化”品牌基础上的版权开发主要集中在文化旅游、文创产品上，其中文化旅游近年来发展尤为突出，清明上河园景区是其中的代表。清明上河园景区是一个以宋代历史文化为背景的游园式主题公园，园区布景以鼎鼎大名的《清明上河图》为蓝本，再现了宋朝汴京的繁华景象，其版权开发亮点主要体现在历史文化上。

首先，对历史记忆的展示化开发。园区引进不少民间绝活，其民俗类型主要有三类：物质生活类民俗活动的还原，园区类的饭店、茶楼等餐饮场所，刺绣、年画、瓷器等手工艺品销售场所都模仿宋朝氛围布置，将版权产品汇聚在一起形成浓厚的文创集市；历史事件故事化展示，《水浒传》中的著名桥段在园区里以场景表演的形式呈现，例如，“血溅狮子楼”“抛绣球招亲”“梁山水战”等，再现了书中或电视电影中的场面。这些历史故事中，演员按照写实手法，配上精美道具、烟火和服装等，按照影视剧拍摄的标准进行表演，现场观众近距离感受，形成独特的游园体验；商业活动深度互动，园区内开发了商品售卖区，商家结合游客进入游园深度体验的情况，在商品售卖中设计互动环节，其中与传统文化产业版权开发相关的主要是木版年画、汴绣、瓷器等手工艺品。木版年画售卖与非物质文化遗产展示相结合，通过营造展览式售卖场景，引导游客走进木版年画，参观制作工艺，体验创作流程，最后实现产品销售。

其次，利用园区资源开展沉浸式商业开发。沉浸式商业开发主要围绕感官体验、行为体验和氛围体验展开。感官体验表现在大氛围营造上，园区按照“宋文化”理念打造的清明上河图景力求在视觉、听觉、触觉甚至嗅觉上给人沉浸式体验。一整套“宋文化”园区布景给人视觉沉浸感，古典音乐作品和古代生活场景现场给人听觉沉浸感，木质、石材、仿古砖等古建筑材料给人触觉沉浸感，遍布园区的开封小吃给人嗅觉沉浸感。行为体验主要通过游园活动的运营方式实现。园区实行一票制，门票包含园区所有项目，大部分经典演出节目都具备两个特点，一是近距离，二是互动强。以《抛绣球招亲》为例，演员站在绣楼上，观众聚集在楼下观赏，同时成为“招亲对象”。随着现场主持人不断地调动气氛，现场氛围火爆，一浪高过一浪，当群众被选为“郎君”的一刹那，现场气氛达到了高潮，观众过了一把“绣球招亲”的瘾。氛围体验是通过游园布景和整体游园体验来营造的。《清明上河图》作为传世佳作，为人们广为传颂的经典图景就有好多处，这些景致不仅是作品的点睛之处，也展现了宋朝都城的繁华盛景，其中虹桥就是一个。园区参照《清明上河图》和古代资料复原了此桥，在进行园区设计时，提前规划了景观空间，引导游客在游览路线和观看演出过程中欣赏美景，在不知不觉中沉浸其中。

4 传统文化版权开发现状、困境与数字经济背景下的发展前景

版权是传统文化发展的关键要素，是文化企业的核心资产，决定着企业核心竞争力。前瞻性地开发、维护、管理，集约化的运营以及跨界运作，都能够最大限度盘活版权资产，实现版权资源的长尾收益，从而提升文化企业核心竞争力以及产品市场附加值。为充分展现传统文化的价值，必须紧随时代的发展步伐进行版权开发，需要对传统文化版权开发的现状、面临的困境与机遇进行分析。

4.1 传统文化版权开发现状

我国传统文化源远流长、种类繁多，部分文化由于商品性强逐渐形成了产业。随着经济社会的发展，社会组织形式、人们的生活环境、科学技术等发生了翻天覆地的变化，完善传承传统文化成为一大挑战，而版权制度是应对这一挑战的措施，版权开发是实现传统文化经济效益最大化的重要途径。为优化版权开发，首先应充分了解文化产业版权开发的现状，现从文化产业版权开发历程、开发方式以及模式等方面进行梳理。

4.1.1 传统文化版权开发历程

自我国印刷业产生后，众多文学作品得以复刻、交易，这为文化产业的版权开发奠定了基础。新中国成立后，我国的政治、经济环境逐渐稳定，政府及民众开始重视文化的传承与传播，文化产业呈现出阶段性发展

趋势。改革开放后，为鼓励文学和艺术创作，保护相应主体的合法权益，各出版机构制定了图书出版、影视剧制作及播放的付酬办法，随后文化产业的版权开发开始登上历史舞台，加上经济、科技的推动，版权开发逐渐成熟。本书将梳理自近代以来传统文化版权开发的历程，按照时间序列对其进行分阶段解读。

版权制度的出现，以文化产业发展壮大为基础，所以与文化产业版权开发历程阶段划分相近的是文化产业发展阶段，常见的是按照产业发展重大历史事件时间点进行阶段划分：如孟令晋和郑勇华（2020）把 213 篇 CNKI 收录的文献作为研究样本，运用计量方法对发文时间、研究热点以及发展趋势等进行计量分析，将电视剧的发展阶段分为探索时期（20 世纪 50—70 年代）、发展时期（20 世纪 80—90 年代）和高速发展时期（2000 年至今）；王紫潇（2020）认为，有传播意义的电视剧在“文革”时期与众不同，把这一标志性时期单独作为一个阶段，将“红色经典”改编时期划分为萌芽（1949—1966 年）、发展（1966—1978 年）、繁荣（1978 年至今）三个阶段；王赟姝（2019）以中国进入市场经济体制的改革阶段和中国正式加入世界经济一体化进程作为两个时间节点，将改革开放之后的电视剧发展时期分为启蒙探索期（1978—1991 年）、孕育成熟期（1992—2001 年）以及多元发展期（2002 年至今）三个阶段；岳凯华（2019）认为，在 1949 年之前我国对文学影视的改编仍处于摸索阶段，学界有意识地对影视改编关注是在 1949 年之后，而且是在改革开放后，影视创作才成为现代化发展的主要推动力量，因此以新中国成立和改革开放作为两个标志性的事件，将 20 世纪的中国影视文学改编分为三个阶段，分别为尝试阶段（1949 年之前）、开创阶段（1949—1979 年）以及勃兴阶段（20 世纪 80 年代）；汪毓和在对音乐发展史划分时，反映了新中国成立以来各阶段对文化发展的促进作用，将中国的音乐发展分为新中国成立初期（1949—1956 年）、社会主义建设和社会主义改造时期（1957—1966 年）、“文革”时期和拨乱反正时期（1967—1978 年）以及改革开放后（1979 年至今）四个阶段。综合以上学者对于文化产业发展的划分，本章依据各大历史事件发生的时间，将传统文化版权开发划分为以下六个阶段（见图 4 - 1）。

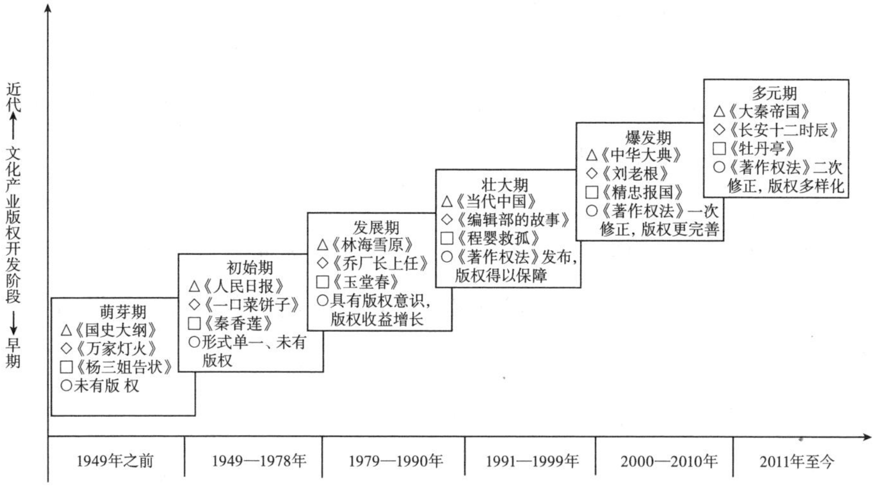

图 4－1　文化产业版权开发阶段

注：“△”表示文化产业的图书形式；“◇”表示文化产业的影视剧形式；“□”表示文化产业的戏剧形式；“○”表示各阶段的文化产业版权开发状况。

4.1.1.1　萌芽期（1949 年之前）

新中国成立前，我国经历了战争，内部环境遭受重大创伤，经济、社会状况发生翻天覆地的变化，对文化产业的形成产生两方面的影响。一方面，战争阻碍了文化产业发展。面对各国侵略、国家内战，文学作品创作速度减缓，部分传统文化在战乱期失传，影响了文化产业进步。另一方面，战争促进了各国间的交流与沟通，推动了文化产业发展。在鸦片战争爆发之前，中国虽然各方面都在进步，传统文化种类繁多，但是发展环境相对闭塞。在与外国势力抗衡期间，中国国门被迫打开，众多先进技术和产业类型流入中国，这为文化产业发展提供了有力支撑，也为之后版权开发的产生奠定了基础。

该阶段受外部环境的综合影响，我国传统文化发展呈现螺旋式上升趋势，创新了多种类型文学形式，比如，延续了我国古代中医思想的著作——《医学史纲》《中国医学源流论》，对传统国画进行改良后形成的作品——《屈原》《愚公移山》《流民图》，以及饱含中国传统文化精神的影视剧《风云儿女》《青年进行曲》《血溅宝山城》等。除此之外，资产阶级改良运动强调了戏曲的价值，提倡用戏曲宣扬民主思想、弘扬民族精神。该阶段诞生了新题材的京剧、川剧、秦腔等，改良派同时为戏曲的演出提供新式舞台，激起了戏曲改良的高潮。尽管改良运动遭遇了失败，但它对中国传统戏曲的发展带来的影响是值得借鉴的①。

由于这段时期的传统文化并没有实行市场化机制，更没有科技的融合与支持，因此并不算是真正意义上的文化产业，即使有部分商业化的文化形态带有产业化特征，也与现代意义的产业化不同，所以版权开发的对象尚未成型。

4.1.1.2 *初始期*（1949—1978 年）

新中国成立后至改革开放前，中国传统文化产业化形式呈现为图书、影视剧、戏剧等，设立了出版总署和出版事业管理局等专门机构管理出版事业。伴随着国内生活环境逐渐稳定，越来越多的文学著作、影视剧涌现，这些产业的版权开发渐渐被公众认知。但此时期各类产业的内容和呈现形式还比较单一，可被开发的内容较少，加上我国并没有出台专门版权法来保护作品，所以版权开发仍处于初始期，未形成规模。

第一，涌现了很多文学著作，最先出现的是图书形式的文学作品。新中国成立之后，越来越多的文学作品得以涌现，比如，金庸先生的“射雕三部曲”——《射雕英雄传》《倚天屠龙记》《笑傲江湖》，其中武林各派使用的功夫有些源于我国古代的传统文化，包括古筝的使用配合了感情的渲染，从而使作品具有了年代感。国家对中国出版事业高度重视，这为新中国成立之后的出版事业奠定了基础。此外，中国出版业伴随着时代发展也逐渐发生变化，出版的图书数量虽然在增加，但是仍未恢复到抗日战争前的水平，情况依旧不太乐观。

第二，新中国影视剧行业诞生和发展。电影作为最先进入人们日常生活的普及化版权作品，记录了新中国成立之前的丰功伟绩，让人们能够以更生动的方式了解中国历史，将中国精神和中国文化传递给后代。电视剧的开篇之作是1958 年6 月15 日播出的《一口菜饼子》。这部电视剧改编自

① 何玉人. 20 世纪中国戏曲的历史回顾[J]. 艺术百家,2015(3):178.

《新观察》杂志的一篇同名小说，是由文学作品改编的第一部电视剧[①]。随后的20年间，也涌现了越来越多的精彩影视作品，在这个时期，影视剧中动画片仅占据很少比重，多以剪纸片和水墨片的形式呈现（见表4－1）。

第三，戏剧和评书种类繁多、广为传唱。在此期间，不同地区有不同戏剧代表类别，作为中国传统文化，戏剧已经逐渐成为一种文化产业，如北京的京剧、江苏的昆曲、河南的豫剧、安徽的黄梅戏等。这一时期还有很多著名的评书大师，比如单田芳、田连元、连丽如等（见表4－1）。虽然该时期音乐表演形式的演出也会收费，但是并未以版权开发的形式来获取收益。

表4－1　初始期标志性作品

产业形式	类别/题材	作品名称	出品时间
图书、期刊、报纸	武侠小说	《射雕英雄传》	1959年
	武侠小说	《倚天屠龙记》	1962年
	武侠小说	《笑傲江湖》	1969年
电视剧	革命	《一口菜饼子》	1958年
	剧情	《相亲记》	1963年
	反修	《考场上的反修斗争》	1967年
电影	剧情	《不夜城》	1957年
	战争	《红色娘子军》	1961年
	战争	《南征北战》	1974年
动画片	剪纸片	《猪八戒吃西瓜》	1958年
	水墨片	《小蝌蚪找妈妈》	1961年
戏剧、评剧	越剧	《孔雀东南飞》	1950年
	黄梅戏	《天仙配》	1953年
	越剧	《红楼梦》	1962年

4.1.1.3　发展期（1979—1990年）

1978年党的十一届三中全会召开，标志着我国传统文化的发展步入新时期，但是传统文化的呈现形式变化不明显，主要变化体现为供给质量的

① 谢晨静，朱春阳．新媒体对中国电视剧产业制度创新影响研究：以视频网站为例[J]．新闻大学，2017(4)：110－116＋151.

提升。与此同时，文化产品的原创者渐渐有了版权意识，对传统文化版权开发的需求呼之欲出，这意味着文化产品不再仅仅供人们免费消遣，因此，尽管这一时期未有版权制度，但是版权市场已初具雏形。

第一，图书、报刊行业发展迅速。改革开放后，国民接受文化教育水平不断提高，为图书、报刊的传播奠定了基础，文学作者数量和质量的双提升、正规出版社数量的增加等因素促使传统文化版权开发的力度逐渐加大。首先，我国出版社由1978年的105家增至1987年的415家，为我国文化娱乐事业发展注入了新力量。其次，人们获取新闻、时讯的工具仍以报纸、期刊等印刷物为主。最后，众多优秀文学作者创作了大量供人们休闲娱乐的长短篇小说，代表性作品有《棋王》《文化的根》等，这些作品蕴含了传统文化精髓，透出浓厚的历史意味①。

第二，影视剧行业的发展突飞猛进。20世纪80年代后期，影视剧产品制作步入正轨，中国传统影视剧产业开始呈现繁荣景象。值此期间，我国影视剧创作了很多经典，塑造了一些家喻户晓的人物形象，比如《西施》《包公》《诸葛亮》，这些影视剧不仅生动刻画了中国古代名人，而且蕴含了大量中国传统文化，如诸子百家、民风民俗、民间工艺等，但是影视剧的制作过程受到资金、技术等客观条件的限制，相比国际先进水准还存在差距。

第三，音乐产业发展提速。这一时期，文化产品的原创者、社会公众都开始拥有音乐版权保护意识，音像产品市场需求旺盛，市场竞争也越发激烈。这些客观情况呼吁着更为全面、规范的市场管理，《录音录像制品管理暂行规定》应运而生。该规定于1982年发布，规定了原创者、表演者以及出版商在音乐产业领域应当享有的权益。自此，音乐作品便有了显性的保护形式，原创者得以抛开版权顾虑，以创作为主要目标，众多音乐作品集中出现在大众视野，其中知名曲目以抒情为主（见表4－2）。

---

① 刘宇，周建新．改革开放40年我国图书出版业发展的历程与经验［J］．出版广角，2018（17）：11－14．

表 4－2 发展期标志性作品

产业形式	作品名称	出品时间	出品单位/出品人
图书、期刊、报纸	《棋王》	1984 年	上海文学
	《文化的根》	1985 年	山东文艺出版社
电视剧	《大侠霍元甲》	1981 年	香港丽的电视
	《射雕英雄传》	1983 年	香港电视广播有限公司
	《八仙过海》	1985 年	中国香港亚视 ATV
电影	《苦恼人的笑》	1979 年	上海电影制片厂
	《巴山夜雨》	1980 年	上海电影制片厂
	《小街》	1981 年	上海电影制片厂
动画片	《哪吒闹海》	1979 年	上海美术电影制片厂
	《三个和尚》	1981 年	上海美术电影制片厂
音乐	《在希望的田野上》	1981 年	施光南、陈晓光
	《敢问路在何方》	1986 年	许镜清、阎肃

4.1.1.4 壮大期（1991—1999 年）

1990 年，第七届全国人民代表大会常务委员会第十五次会议召开，会议通过了我国第一部版权专门法律——《著作权法》。自此之后，我国传统文化版权开发有了正式的法律保障，迈入新的发展阶段。

第一，图书出版内容优化。自《著作权法》通过后，图书出版的工作模式逐渐正规，向市场化、商业化方向发展，不断引进先进国家的出版运作模式、市场经验。伴随着传统文化供给对象的增加，版权开发也进入了新阶段。

第二，影视剧产业发展壮大。从电视剧产业来看，首先，《水浒传》《三国演义》等电视剧的亮相，标志着四大文学名著的第一轮改编圆满完成并取得成功。这些作品将传统文化样态融会贯通，凝结至每部作品中。其次，同一时期掀起的“琼瑶热”，自 1987 年第一部由琼瑶小说改编的电视剧《月朦胧鸟朦胧》播出后，琼瑶的同名小说电视剧《婉君》《还珠格格》分别在 1991 年、1997 年相继播出。从电影产业来看，1995 年上映的电影《大话西游之月光宝盒》直接将佛教文化贯穿整个剧情，并且以服饰间接体现中国传统文化；同年，《变脸》的上映给人留下深刻印象，将脸谱这一传统文化融入影视剧中。此外，同一时期丰富文化产业市场的，还有更多有代表性的影视剧（见表4－3）。

第三，音乐版权开发逐渐完善。从听觉艺术角度而言，我国供人们传唱的内容不再仅仅局限于戏剧、评书，更多音乐形式、内容涌现。随着评书、戏剧的热度下降，流行歌曲被人们喜爱，尤其是中国摇滚的诞生，在青少年群体中掀起了波澜。在此阶段，中国经济飞速发展，推动了音乐产业发展，可以说“九十年代一年生产的歌比整个八十年代的还多”，传统音乐产业的版权开发在此期间也得以施展拳脚。

表4－3　壮大期标志性作品

产业形式	作品名称	出品时间	出品单位/出品人
图书、期刊、报纸	《心灵史》	1991年	花城出版社
	《活着》	1993年	作家出版社
	《白鹿原》	1993年	人民文学出版社
电视剧	《新白娘子传奇》	1992年	景德传播公司
	《笑傲江湖》	1996年	中国香港无线电视台
	《人间正道》	1998年	中国电视剧制作中心
电影	《大话西游之月光宝盒》	1995年	彩星电影公司
	《变脸》	1995年	北京电影学院青年电影制片厂
	《我的父亲母亲》	1999年	新丽传媒
动画片	《海尔兄弟》	1995年	海尔集团、北京红叶电脑动画制作技术有限公司
	《宝莲灯》	1999年	中央电视台
音乐	《涛声依旧》	1993年	陈小奇
	《同桌的你》	1994年	高晓松

4.1.1.5　爆发期（2000—2010年）

进入21世纪以后，中国对传统文化的版权保护越来越严格，主要体现在《著作权法》的第一次修正，这次修正将著作权权利的解释上升到了“法律”高度，引进“民事制裁”制度，增加新环境下的著作权保护等[①]内容，呈现出

① 全国人民代表大会常务委员会:《中华人民共和国著作权法》(2001第一次修正)。

文化产品保护机制的完善、传统文化版权开启爆发式增长的趋势。

第一，图书出版行业转型发展。此时期电子设备普及，很多文学作品可以在网上直接观看，但是实体图书依旧吸引着部分人群，如教育行业可以运用电子设备来开展教学工作，但是依旧建立在与纸质教材相结合的基础上。与此同时，出版单位借助数字科技结合行业需求转型发展，引入高质量人才、购买大量高端设备，推动图书出版业的发展。但由于手机等移动设备可以迅速、准确地获取新闻时讯，报刊的订阅量逐渐下降，小说题材的书目在纸质出版物中的销量占比逐渐增加，较为知名的作品有《花腔》《远去的驿站》《坚硬如水》等（见表4－4）。这些趋势说明图书产业发展的机遇与挑战并存。

第二，影视行业数字化发展。数字科技在此时期以一种前所未有的速度普及，大大提升了影视剧的市场竞争力，促进了影视剧产业的可持续、高质量发展。同时，电视剧数量飞快增速，很多热门文化 IP 被多次翻拍，并改编成电影、动漫、游戏等。此外，由电视剧衍生的周边产品也开始实现自身版权价值，电视剧的版权开发步入产业链、全场景的新发展阶段。

第三，音乐产业内容多样化。自 21 世纪以来，流行音乐经历了生产阶段、发展阶段、成熟阶段。如周杰伦的《青花瓷》、李宇春的《蜀绣》等，这些音乐作品以古筝作为伴奏乐器，体现了中国古典乐器与现代流行音乐之间的融合。随着现代传媒技术的普及、网络媒体参与度的提高，流行音乐的传播途径更为宽广，传播力度逐渐加大，传统音乐产业的版权开发也因此获得了大量收益①。

表 4－4　爆发期标志性作品

产业形式	作品名称	出品时间	出品单位/出品人
图书、期刊、报纸	《花腔》	2004 年	人民文学出版社
	《远去的驿站》	2007 年	人民文学出版社
	《坚硬如水》	2009 年	云南人民出版社

① 王江坤．对当今中国流行音乐发展的思考[J]．中国外资,2010(8):225.

续表

产业形式	作品名称	出品时间	出品单位/出品人
电视剧	《刘老根》	2002 年	中央电视台、中国电视剧制作中心
	《天龙八部》	2003 年	中国台湾中视
	《闯关东》	2008 年	山东电影电视剧制作中心
电影	《卧虎藏龙》	2000 年	安乐影片有限公司
	《集结号》	2007 年	华谊兄弟影业有限公司
	《让子弹飞》	2010 年	中国电影集团公司
动画片	《喜羊羊与灰太狼》	2005 年	广东原创动力文化传播有限公司
	《小鲤鱼历险记》	2007 年	中央电视台
音乐	《青花瓷》	2007 年	周杰伦
	《蜀绣》	2009 年	李宇春

4.1.1.6 多元期（2011 年至今）

2010 年 2 月 26 日，《著作权法》进行了第二次修正，将视听作品著作权直接赋予制片者、引用他人作品不得引用实质部分、增加“信息网络”媒体传播文学作品的相关规定等[①]，这意味着中国传统文化的保护范围更广、保护力度更大。同时，我国在科技上取得巨大进步，互联网迅猛发展，更多人能够借助法律手段维护自身的权益，传统文化版权开发也因此具备高质量发展的新途径，进一步壮大了版权开发的平台规模。但这也出现了新的风险，数字化时代的信息泄露成了版权开发难以避免的一大难题。

在数字化时代，图书、影视剧、音乐、游戏等已成为人们日常生活中不可或缺的一部分，各类产业诞生的作品数不胜数（见表 4－5）。人们在繁忙生活的空闲期，会从文化产品中寻找一丝慰藉。由于手机、电视机、电脑等数码设备占据了生活的大部分时间，无形中人们就能获取各种各样的信息，并且能够运用数字技术参与文化作品的创作。从这些角度而言，版权开发利用数字化平台推广能够将传统文化的价值放大。

① 全国人民代表大会常务委员会:《中华人民共和国著作权法》(2010 第二次修正)。

表 4－5 多元期标志性作品

产业形式	作品名称	出品时间	出品单位/出品人
图书、期刊、报纸	《繁花》	2012 年	人民文学出版社
	《这边风景》	2013 年	人民文学出版社
电视剧	《延禧攻略》	2018 年	东阳欢娱影视文化有限公司
	《鬓边不是海棠红》	2020 年	爱奇艺、欢娱影视
综艺	《中国诗词大会》	2016 年	中央广播电视总台
	《上新了·故宫》	2018 年	故宫博物院、北京广播电视台
电影	《湄公河行动》	2016 年	博纳影业集团
	《八佰》	2020 年	光线传媒有限公司
动画片	《大鱼海棠》	2016 年	北京光线影业有限公司
	《哪吒之魔童降世》	2019 年	北京光线影业有限公司
游戏	《水浒战记》	2012 年	深圳创游兄弟信息技术有限公司
	《笑傲江湖 3D 手游》	2013 年	完美世界
音乐	《父亲》	2011 年	王大利
	《江南》	2012 年	林俊杰

第一，在传播中国传统文化时，新媒体为传统影视剧产业形式增添了娱乐性、互动性以及现代化特色，使观众能够产生浓厚的兴趣。例如，《上新了·故宫》《中国诗词大会》《国家宝藏》等综艺节目的出现，以更为新颖的、有趣的形式专门介绍中国的传统文化；脱口秀节目《天天向上》也介绍了服饰、戏曲、礼仪等中国传统文化；电视剧《鬓边不是海棠红》全剧以戏曲为主线展开，中国传统文化元素在影视剧内容中起到重要作用[①]；动漫电影《大鱼海棠》的创意是来自庄子的《逍遥游》，其中部分人物形象（后土、祝融）则是取自《山海经》，《哪吒之魔童降世》的剧情来自我国古代神话小说《封神演义》等[②]。公众在观看这些影视剧的同时，能够了解中国传统文化，激发对传统文化的热爱，从而促进传统文化传承。

① 张思璐．探析新媒体时代的中国传统文化传播[J]．时代报告，2021(6)：44－45.

② 张苏雨，席胤清．当代国产动画中传统文化符号的呈现与演绎[N]．中国电影报，2021－12－08(011).

第二，以武打类型的名著为背景，我国开发了各种大型的单机、网络游戏。例如，《水浒战记》是依据《水浒传》改编而成的2D网页游戏，《笑傲江湖3D手游》则是以金庸先生的同名小说为背景，运用水墨风格诠释武林江湖，高度还原了原著的剧情场景。

第三，音乐产业空前繁荣。随着中国对外开放程度的逐渐深入和贸易制度的完善，我国传统音乐产业发展至今已经拥有了极大影响力。在历史环境的作用下，我国传统音乐产业呈现的是多民族、多元化音乐相交融的情景，如傣族的孔雀舞、汉族的秧歌、彝族的跳月等。近年来，许多音乐型的选秀节目诞生，受到人们的极大喜爱和追捧，比如《我是歌手》《中国好声音》，这为传统音乐产业版权开发提供了全新路径；大量音乐高校也伴随潮流涌起，音乐及相关产业的工作人员也逐渐增加，为中国传统音乐产业注入了新的活力。

4.1.2 传统文化版权开发资源获取模式

中国传统文化本身具有巨大的潜在价值，对其进行版权开发一般有高额盈利预期，获取可开发资源是版权开发应当首要考虑的因素。本文对科技龙头企业——腾讯公司在版权产业经营中的资源获取方式进行分析归纳，得出近年来针对传统文化资源进行版权开发时的主要获取模式，包括“全权获取式”“部分获取式”和“他方获取式”三种类型（见表4-6）。

表4-6 版权开发资源获取方式

类型	作者与企业关系	代表案例	特点
全权获取式	直接沟通	《芈月传》 《花千骨》	能够获取文化产业资源的全部版权，依照自身需要开发多种产品
部分获取式	直接沟通	《盗墓笔记》	仅能获取文化产业资源的部分版权，在开发过程中作者仍有作品的版权
他方获取式	间接沟通	《大圣归来》	并非直接获取文化产业资源的版权，而是与已获得资源开发的企业进行交易

4.1.2.1 全权获取式

全权获取式通常是指版权开发企业与原创者签订条款，获取版权的完全使用权。这种方法的优势在于版权开发者对作品的控制力度是最强的，可以消除后续开发的外部障碍；开发内容符合市场规律，减少了审核成本；创作的方向性风险更容易避免；作品理念统一，不会在创新时产生不必要的分歧。

在创作影视剧作品时，许多开发平台会选择全权获取式与作者合作，以获取在约定期间开发多种形式衍生品的权利。比如，2015 年播出的《芈月传》引起了一时的轰动，这部电视剧是根据蒋胜男的小说改编的，并由原著作者蒋胜男担任编剧，花儿影视拥有《芈月传》的独立开发权，可将这一作品开发为电影、电视剧、动画片以及游戏等。尽管之后双方在版权的归属权问题上存在争执，但是这一案例依旧是全权获取式的典型代表之一。

与此同时，全权获取式的版权资源开发也存在着自身的缺陷。双方合作中一旦出现版权纠纷问题，则全盘皆输，版权开发者需要承担更大风险，并且起初需要投入较高成本；原创者的自主性也有可能受到限制。正是在类似问题的客观约束下，全权获取式的版权资源开发呈现出以下特征。一是以市场为导向。及时收集和分析市场数据，根据市场中的最新动态及时调整发展方向并进行适当创新，从而更加契合市场需求。二是坚持原创者全程参与。全权获取式版权开发对自身的定位是创造文化产品，这一举动的目的是获得经济价值，所以在这一模式中，为了使产品适应市场需要，原著作者自始至终都会参与。三是注重把控内容质量。保证作品具有良好的质量，是进行版权开发的基础，经过改编后的传统文化能否为公众所接受，关键还是在于质量的高低，因此在开发的过程中，需要优秀的团队对产品质量进行监督。四是重视文化产品的创意。一个优秀的文化产品，要有创意，在版权开发中需要着重强调创意，创意与生活息息相关，主要来源于人的情感、经历与想象力，努力形成差异化的、大众认同的、更具独创性的创意是对传统文化进行版权开发的关键所在。

4.1.2.2 部分获取式

与全权获取式不同，部分获取式指的是平台仅能获得作者作品的部分版权，只可以对部分 IP 的部分权利进行版权开发，原创者通常会把作品的版权分散出售，从而保障自身收益。

运用这一模式的范例当属风靡一时的《盗墓笔记》，直至今日，《盗墓笔记》的衍生品开发还在继续，自从这一作品第一部播出之后，南派三叔便与多个版权开发商开展合作，努力将《盗墓笔记》的版权价值发挥到最大化。如在 2011 年，南派三叔就与极东星空工作室联合出版《盗墓笔记》系列漫画，销量良好。2014 年南派三叔又与长江文艺出版社合作出版了《盗墓笔记・老九门・大画集》，也取得了不错的成绩[①]。这些也仅仅是《盗墓笔记》系列的凤毛麟角，南派三叔充分利用不同平台的优势，将其作品进行全面开发，其中发挥主要作用的便是部分获取式的版权资源交易方式。

这一方法的好处在于可以共同建立竞争优势，解决版权权利不完整的问题；同时共担风险，拥有较强的可控性。但同时这种模式也存在着弊端，主要表现为参与版权开发各方话语权被弱化、开发过程受到局限等，因此部分获取版权资源的形式常呈现以下特征。一是吸引资本参与。版权开发商可运用资本力量进入自己未具备版权的版权开发体系。在这一过程中，资本参与并非独立存在，不同合作方之间是利益共同体。二是为版权代理搭桥。这一举措是指在取得版权的代理权之后，于限制内使用版权获取收益的行为。腾讯游戏是这一方式的代表，“英雄联盟”游戏是由腾讯代理发行的，在此期间，腾讯有权利对版权进一步开发，如举办网游小说比赛、创作《英雄联盟之谁与争锋》的文学产品、出版人物的画册、开发周边产品等，从而增加自身收益。三是版权共享。这是版权合作中的一种策略，重点强调版权权利的共享。在当代，有很多原创作者会选择这一方式来与版权企业合作，尤其是在电视剧、电影等方面，原创作者与电视剧

① 李旭.“盗墓笔记”IP 开发案例分析[J]. 河南教育学院学报(哲学社会科学版),2019,38(1):46-51.

制片方交易后，仍有权利将自己的作品出售给第三方以获取更多收益。

4.1.2.3　他方获取式

与前两种模式不同，他方获取式指的是版权开发商并非直接与原著的作者进行交易，而是与已经获得资源并开发的平台联系，通常以许可、交易和并购的方式来获得开发后的产品。

包括畅销小说在内的不少体现一定市场价值的传统文化资源在版权开发后常以影视剧等形式呈现，例如，影视剧在拥有热度后，就有开发商尝试对其衍生品进行开发，事实证明这种方式能够带来巨大利益，如《大圣归来》对国内娱猫公司授权，该公司可开发这一影视剧的衍生品①。

他方获取式的优势体现在两个方面：一方面，当市场中出现了“供大于求”的现象时，版权开发商能够以较为合适的价格来取得资源；另一方面，能够减轻自身生产内容的压力，从而把部分资源投入版权开发的环节，实现高质量的产品开发。他方获取式常呈现以下特征。一是粉丝创造价值。在对传统文化进行版权开发时，原著作的粉丝也会是一个利益突破口，一般可通过加强与粉丝的联系和互动来增强用户的黏性，将粉丝转化为新产品的忠实用户，从而带来巨大的收益。二是平台合作推动价值成长。他方获取式一般难以完整地还原原著作的内容及场景，所以后期制作存在着大量难题，加强与外部的合作是处理这一困境的一种手段。比如，2007年版本的电视剧《四世同堂》就是由华夏视听环球传媒股份有限公司、履实文化联合制作，充分体现了两个平台各自的优势。三是严格的优质内容筛选机制。版权开发要有良好的基础，最重要的就是具备敏锐的嗅觉，筛选出真正有价值的产品。如我国的四大名著，它们本身蕴含着丰厚的文化底蕴，所以其开发的渠道以及模式也就更为丰富，从而可以创造出更多的价值。

4.1.3　传统文化版权开发呈现形式

版权开发可以使大量优秀传统文化资源得以传承，让公众在感受到中

① 黄微．产业链视角下国产动漫电影衍生品运营模式探析[J]．新闻研究导刊，2018，9(5)：216，218.

华文化深厚底蕴的同时，也让更多的产业获取大量经济收入，实现传统文化价值的变现。现如今，能够进行版权开发的文化产业可以分为核心版权产业、相互依存版权产业、部分版权产业和非专用支持产业四类，对于不同的产业，它们呈现在公众视野中的形式也具有差异性，主要有图书、电视剧、电影、动漫、游戏等（见表4-7）。

表4-7　传统文化版权开发的呈现形式

产业类型	文化类型	呈现形式	具体产业
核心版权产业	著作	杂志、图书	出版产业
		电视剧、电影	电视产业、电影产业
		游戏、动漫	游戏产业、动漫产业
	戏剧、音乐、舞蹈	演艺	音乐产业
部分版权产业	陶瓷	手工艺	手工艺制作

注：此处主要对核心版权产业和部分版权产业进行分析。

4.1.3.1　图书出版

传统文化的版权开发起始于图书，其实早在古代，就有图书买卖的现象，但是当时还没有完全的版权概念。在有了版权开发之后，出版商才购买原著作者的版权，然后对原著作者的作品进行整理、汇编以及编辑后，向社会进行出售，由此扩大原著作者的影响力，产生经济效益。图书不仅在版权开发过程中创造了经济价值，而且为传统文化传承创新提供了重要载体和平台。

自2006年以来，我国图书出版种类数呈现上升趋势，截至2018年底，图书出版种类数相较于2006年翻了一番（见图4-2），这表明传统文化图书版权开发的空间和前景巨大。

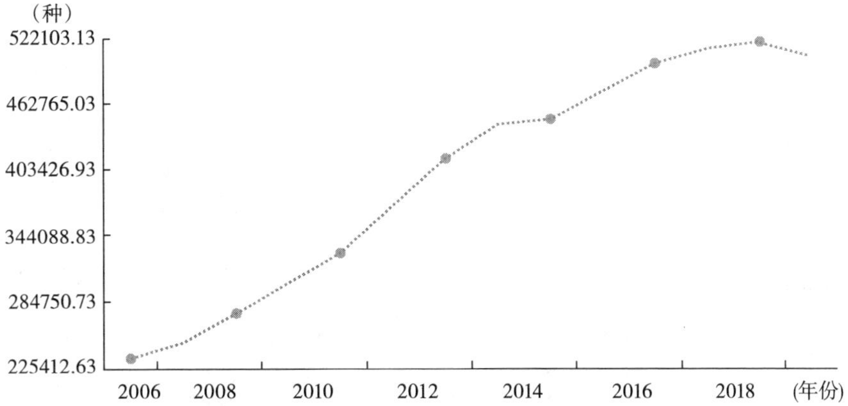

图4-2 近年来图书出版种类数变化

数据来源：国家统计局网站。

4.1.3.2 影视改编

随着社会发展的变迁，越来越多的传统文化资源以影视作品的形式出现在公众视野中，这些资源以中国传统文学名著居多，拥有众多读者，每个时代的读者都会以时代独有的方式对其进行改编，以一种更鲜活的形式加以传承。

将文学著作拍摄为影视剧的有广为熟知的《红楼梦》《西游记》《聊斋志异》等，这些著作的价值在改编过程中得到了极大的提升，无疑加快了文学作品传播的速度。在2021年河南卫视的《端午奇妙夜》中，《洛神水赋》的水下舞蹈受到了广大观众的喜爱，河南卫视的收视率一路走高，不仅吸引了更多的粉丝，也在无形中带来了隐性的财富。

影视作品的改编基于技术、社会和受众群体的转变。从技术方面而言，如今已经进入了互联网时代，电子计算机的广泛应用为影视作品的创作提供了支持；从社会发展角度而言，社会文化的变迁是影响文化发展、传承类型的另一股重要力量；从受众群体而言，公众与数字化产品的接触更为广泛，影视作品是公众消遣的主要方式之一。

近年来我国影视行业的收入呈爆发式的增长，尤其体现在电影票房收入方面（见图4-3），而这一趋势依旧在延续，作为传统文化资源版权开发的主要形式之一，影视改编行业依旧在拓展开发渠道，以获取更多的收入。

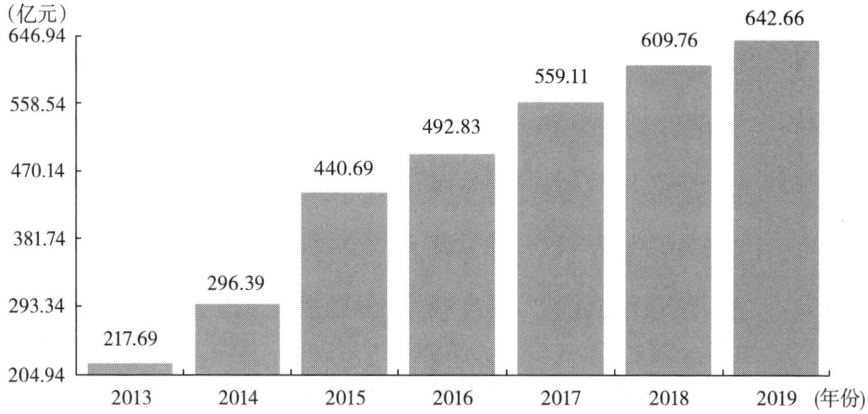

图 4－3　2013—2019 年国内电影票房收入变化

数据来源：国家统计局网站。

4.1.3.3　游戏开发

游戏成为当下年轻人的重要娱乐方式，仔细观察就会发现中国传统文化也渗透在游戏中。文学版权的所有人具有相应的权利，游戏公司在取得游戏改编权的许可后，可以对文学作品中的故事情节进行改编，从一定程度上来还原故事的情节和场景，这一过程被称为“游戏开发”。游戏开发往往需要宏大的故事背景作铺陈，以便为游戏者的参与赋予精神价值和场景体验。游戏开发者一般会利用文学故事 IP 来完成这项工作，将很多源自传统文化的故事情节引入游戏场景，对丰富内容起到重要作用。

在当前热门游戏中，能够看到许多中国传统文化的影子。《王者荣耀》中，吕布、貂蝉、刘备等人物都出自四大名著之一——《三国演义》，每个人物都蕴含各自的故事，公众在休闲娱乐的时候，就可以对中国文学著作有更深刻的认知。与此同时，游戏公司通过设计角色皮肤、道具、周边产品来为自身争取更多的收益，这一做法使中国文化传承与企业盈利实现了双赢。

自有数据记录以来，游戏市场的销售收入在 10 年间的发展趋势十分显著（见图 4－4），起初在 PC 端还占据大部分市场的时候，游戏的开发进度较为缓慢，但是在进入新的技术支持时期后，移动设备发展突飞猛进，促进了游戏开发的进程，将传统文化开发为游戏前景依旧一片光明。

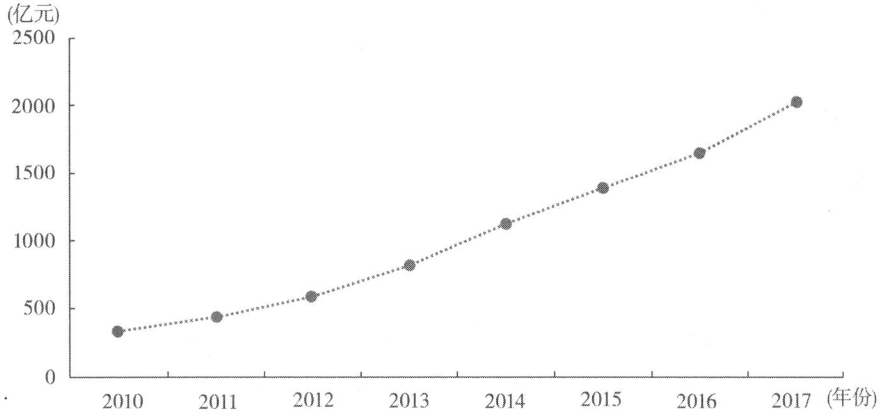

图 4 –4　2010—2017 年游戏市场销售收入变化

数据来源：国家统计局网站。

4.1.3.4　设计动漫

动漫作品包括漫画作品和动画片，因众多动画片是从漫画改编而来，所以在国内用“动漫”一词来对此进行概括。随着互联网的普及，漫画也渐渐由纸质创作向电脑创作转变。

例如，依据家喻户晓的名著《西游记》，设计的最早一版动画片于 1997 年进行了首播，电影院也在不断地上映许多耳熟能详的中国传统故事影片，如《哪吒之魔童降世》《新神榜：哪吒重生》等。这些依据文学著作制作的动画片在放映时，需要版权所有人的许可，否则就会被视为侵权，而版权所有人也以向电视台、视频网站等机构收取许可费获取收益。

在互联网进入大众生活中时，日本的动漫文化也涌入了中国，并在相当长的一段时间内占据国内动漫市场主要份额。在近 15 年，中国动漫产业在不断进步，动漫的片数也在逐年递增，很多优秀作品深受公众的喜爱（见图 4 –5）。

4.1.3.5　开发成其他形式

除了上文中介绍的常见改编形式外，中国传统文化也有着其他的传承形式，如舞台剧、表情包、音乐作品等。传统文化著作在改编后被搬上舞

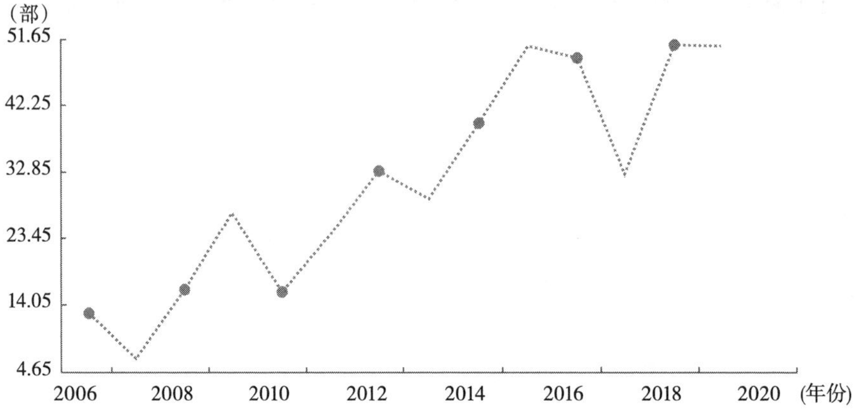

图 4－5　2006—2020 年我国动画片生产数量变化

数据来源：国家统计局网站。

台，这些舞台剧往往由当代明星演绎，由于演员集聚的粉丝效应加上著作本身吸引的原著粉，许多舞台剧每场演出都爆满。随着时代的发展，中国传统文化也逐渐与互联网相适应，比如，在衍生品的开发中，除了实物外，在聊天中出现的表情包也是一种商机。又如，国家如今越来越重视版权保护，这使得音乐版权的保护有了巨大进步，许多曲目也由免费下载转变为付费下载。这不仅提高了消费者的版权意识，而且加大了对音乐创作人的版权保护力度。

4.2　传统文化版权开发的困境

在对传统文化进行版权开发的进程中，不是一帆风顺的，随着开发热潮而来的也有重重困境。为突破困境，需要分析宏观环境、自身优势与不足，从而把握机会、发挥优势、规避劣势来提高自身的竞争力。为清晰比较传统文化版权开发内外部优劣，本文将利用 SWOT－PEST 分析法来分析当前开发处境，重点描述版权开发面临的困境，分析发展的弱点，进而在数字经济发展的背景下，采取适当的策略来弥补现存的缺点，获取更加全面的发展。

4.2.1　SWOT 分析法

SWOT 分析法指的是对企业、平台所面临的内部优势（Strengths）、内部劣势（Weaknesses）、外部机遇（Opportunities）、外部威胁（Threats）进行分析（见图4-6），又称为“态势分析法”。这一方法最早于20世纪80年代初由韦里克提出，目前被广泛应用于市场分析、战略制定等领域[①]。

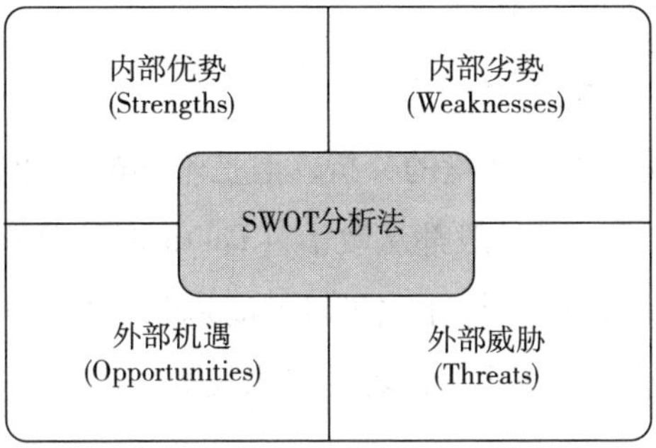

图4-6 SWOT分析法要素

SWOT分析法具体包括以下三个步骤。第一步，获取市场中的信息并分析环境因素。在对市场进行充分调查后，找到当前发展所面临的外部机遇和威胁、内部自身的优势以及劣势。第二步，汇总整理所获得的信息，构建SWOT分析表。即根据当前信息，按照对自身发展影响的重要程度来建立SWOT矩阵，分出SO象限、WO象限、ST象限、WT象限。第三步，对信息进行分析并得出结论。通过对信息进行观察分析，提出适合当前企业或者平台发展的建议。

SWOT分析法对文化产业的发展有着重要的应用价值，文化产业作为版权开发的主体，对其进行的分析方法同样也适用于传统文化的版权开发。张曼和赵梦君（2012）在对咸阳的养生文化产业进行分析时，为从内外部了解这一产业面临的环境，对其进行SWOT分析，以更加深入了解其发展潜质[②]。达妮莎和郑琦（2016）在对岫岩玉雕文化产业的发展进行分析时，运用了SWOT分析法研究这一产业面临的外部环境和资源，明确其内部的优势（S）和劣势（W），阐述其外部机遇（O）和威胁（T），最后

① 安春雨．战略管理工具SWOT分析新用法[J]．企业管理，2021(9)：94-95.

② 张曼，赵梦君．咸阳养生文化产业SWOT分析[J]．中国外资（下半月），2012(8)：223.

进行综合分析，制定出相应的战略规划①。孙科峰和曹永萍（2018）在分析甘肃临洮的旅游文化产业时，同样利用 SWOT 分析法，对其内部的优势与劣势、外部的机遇与挑战进行全面分析，据此发现未来的发展前景，从而壮大临洮的旅游文化产业②。

4.2.2 PEST 分析法

PEST 分析法是指宏观环境的分析，但是不同的行业特征不同，分析的内容也会呈现差异性，但一般都从政治（Political）、经济（Economic）、社会文化（Social&cultural）、技术（Technological）四个方面来分析③（见图 4－7）。这种方法主要适用于市场的未来规划、产业的经营发展、公司的战略制定等方面。

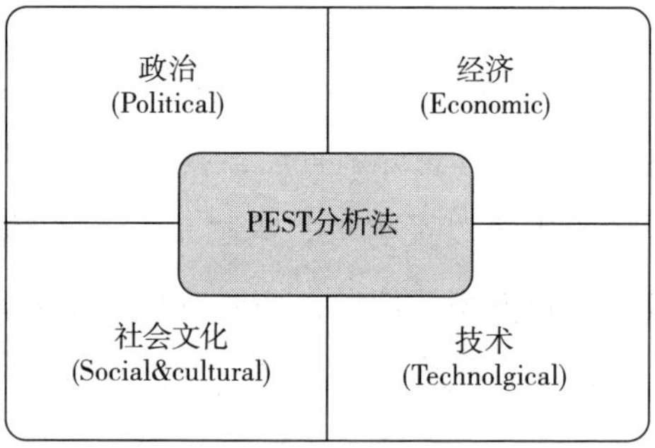

图 4－7　PEST 分析法要素

其中，政治方面主要是指一个国家的具体制度、政府方针政策以及执政党的性质等。在不同的国家，不同的制度有着不同的要求和限制，甚至在同一个国家的不同时期，也会由于执政党的变化，其政府的政策倾向对活动的影响也是不断变化的。

经济方面包含宏观和微观两个角度。从宏观角度来说，经济因素是指一个国家的产业布局、经济发展水平以及经济结构等，利率水平、通货膨

---

① 达妮莎，郑琦．岫岩玉雕文化产业 SWOT 分析[J]．美术大观，2016(6)：76－77.

② 孙科峰，曹永萍．甘肃临洮旅游文化产业 SWOT 分析研究[J]．甘肃农业，2018(11)：45－46.

③ 罗艳．文化消费视角下我国文化产业发展 PEST 分析[J]．山西经济管理干部学院学报，2021，29(1)：48－49.

胀程度、GDP 水平体现了其当前所处的阶段。从微观的角度而言，经济因素主要是指影响居民消费、储蓄、就业等的因素。

社会文化方面包括一个国家或地区居民的教育程度、风俗习惯等因素。由于不同群体具有不同爱好、行为和态度，他们会表现出不同的需求。

技术方面不仅指那些重要的发明，还包括市场中不断创新的材料、技术和工艺。在最近几十年的发展中，越来越多的高技术企业崛起，无形中改变了公众的生活方式。

PEST 分析法从具体角度对企业或行业内外部环境进行分析，在行业的发展中起到至关重要的作用。郭颖（2007）在对福建文化产业的竞争环境进行分析时，应用 PEST 法分析了产业发展面临的机遇和挑战，在此基础上提出应该如何加快福建文化产业的发展，并且提出了具体的对策①。赵玉宏（2017）运用 PEST 分析法对北京市的文化创意产业所处的环境进行分析，发现宏观环境对产业发展发挥了作用②。罗艳（2021）在分析文化产业发展时，基于文化消费视角进行 PEST 分析，发现产业的发展优势大于劣势，提出了优化产业的顶层设计、实现文化的民主化等战略，来促进文化产业发展③。

4.2.3 SWOT－PEST 分析法

SWOT－PEST 分析法指的是将 SWOT 分析法和 PEST 分析法结合起来，分析研究对象在政治、经济、社会文化和技术四个方面的优劣势、机遇、挑战。这一方法普遍应用于企业的战略管理，但同时也可以用于对一个国家的公共服务机构、各种产业的发展环境进行分析，比如在动漫期刊、基层的公共文化服务社会化管理以及对外文化贸易的发展方面都可以构建相应的 SWOT－PEST 分析矩阵（见表 4－8），进而直观分析研究对象的处

① 郭颖．福建文化产业竞争环境 SWOT/PEST 分析[J]．发展研究，2007(10)：53－55.

② 赵玉宏．基于 PEST 模型的北京市文化创意产业融合宏观分析[J]．城市观察，2017，49(3)：149－155.

③ 罗艳．文化消费视角下我国文化产业发展 PEST 分析[J]．山西经济管理干部学院学报，2021，29(1)：48－55.

境，制定相应的策略促进行业的发展。

胡鹏（2018）在对北京的公共文化服务体系进行研究时，尝试利用SWOT－PEST分析法来剖析这种体系的建设背景，并且提出了这种体系未来的实施路径①。张雅琪和南丽军（2019）在对黑龙江省冰雪文化的发展进行分析时，运用了SWOT－PEST分析法，从政治、经济、社会文化、技术四个方面来分析这一对策的优势、劣势、威胁与机遇。在此基础上，对黑龙江省的冰雪文化融合发展提出了相应的建议②。陈楠等（2021）在分析文化旅游的融合发展和转型时，以开封市为例，从政治、经济、社会文化和技术四个角度分析，总结开封文旅发展的环境以及现状，进一步通过构建SWOT－PEST分析矩阵，发现存在的问题，并提出了发展型、扭转型、防御型等发展对策③。基于文化产业的发展现状，本书在运用SWOT分析法的同时，融合PEST分析法，从不同角度将开发的内外部优劣势列举出来，进而对文化版权的开发困境进行归纳研究。

表4－8　SWOT－PEST分析矩阵

SWOT分析	PEST分析			
	政治（P）	经济（E）	社会（S）	技术（T）
优势（S）	SP	SE	SS	ST
劣势（W）	WP	WE	WS	WT
机遇（O）	OP	OE	OS	OT
威胁（T）	TP	TE	TS	TT

4.2.4　传统文化版权开发内部优势

4.2.4.1　SP——政府大力支持

1897年，我国即创办了第一个出版机构——商务印书馆。自新中国成立以来，我国高度重视文化产业的发展，出版机构以及制片平台如雨后春

① 胡鹏．基于PEST－SWOT分析的北京现代公共文化服务体系研究［J］．全球科技经济瞭望，2018，33（8）：46.

② 张雅琪，南丽军．基于SWOT－PEST分析法黑龙江省冰雪文化深度发展路径研究［J］．现代商业，2019（24）：88.

③ 陈楠，余仁凤，王亚西，等．基于SWOT－PEST分析法的开封市文化旅游融合发展与转型升级对策研究［J］．旅游纵览，2021（8）：72.

笋般诞生，国家出台一系列政策、法规来助推传统文化的版权开发，不断修正版权保护法律条文，进一步加强对中国传统文化的版权保护（见表4－9）。

表4－9 版权保护法规（标志性）

名称	时间	主要作用
《中华人民共和国著作权法》	1990年	保护文学、艺术作品的著作权及相关利益
《中华人民共和国著作权法》第一次修正	2001年	完善并清晰界定了部分权利的内容与边界
《著作权集体管理条例》	2004年	解决权利人无法行使其权利的困难
《文化产业振兴规划》	2009年	充分发挥文化产业的重要作用，推动文化大发展大繁荣
《中华人民共和国著作权法》第二次修正	2010年	强调对违禁作品的保护，增加著作权质押内容
《中华人民共和国非物质文化遗产法》	2011年	促进社会主义精神文明建设，加强非物质文化遗产保护
《使用文字作品支付报酬办法》	2014年	保护文字作品著作权人的著作权，规范使用文字作品行为
《中华人民共和国著作权法》第三次修正	2020年	加大监管和处罚力度，与数字化时代接轨

4.2.4.2 SE——经济高速发展

文化产业是国家发展的重点。文化与经济之间联系紧密，为更好助推传统文化，促进其版权开发，就必须依赖于经济进步。我国当前已经是世界第二大经济体，是世界经济发展的“发动机”，在2020年新冠肺炎疫情暴发期间，我国是唯一实现了经济正增长的世界重要经济体。国家统计局数据显示，在2020年，我国的GDP突破了100万亿元，比上年同比增长了2.3%，这意味着我国的经济实力又跃上了一个崭新的台阶。近年来，我国第三产业对经济的贡献率逐渐增加，能够明显发现经济结构调整和产业升级所带来的文化进步，尤其是文化及其相关产业对GDP贡献的逐年增加，彰显了文化产业在我国发展中做出的重大贡献（见图4－8）。基于我国当前良好的经济市场环境，传统文化的版权开发前景良好。

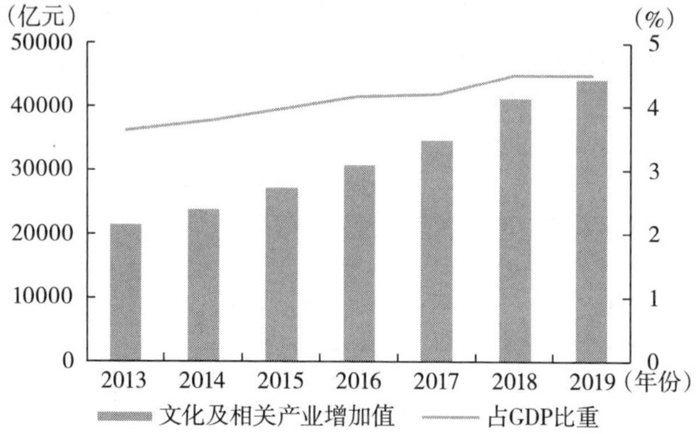

图4-8 2013—2019年我国文化及相关产业增加值和占GDP比重变化

数据来源：国家统计局网站、中信证券研究部网站。

4.2.4.3 SS——文化底蕴深厚

作为四大文明古国之一，我国具有悠久的历史和深厚的文化底蕴，在琴棋书画、四大发明、民谣、诸子百家、中国戏剧、中国建筑、传统中医、中国武术、衣冠服饰、饮食厨艺的传统文化门类中，涌现出一批又一批杰出的创作者以及优秀作品。这些文化瑰宝是让一个国家传统文化持续发展的根基，是得天独厚的优势，也是未来传统文化版权开发得以多元化创新的动力源泉。

4.2.4.4 ST——科技实力稳步提升

传统文化的版权开发与科技发展的关联日益密切，信息科技和数字技术的支持是传统文化版权开发的重要因素。党的十九届五中全会，更是强调了经济实力、科技实力、综合国力将大幅跃升的目标，这无不体现着中国的科技发展已经迈入了一个崭新的阶段。此外，中国公众对于互联网的接受能力、适应能力逐渐增强，智能设备和互联网的普及率在逐年上升，由2011年的38.30%上升至了2020年的70.4%（见图4-9）。自此，传统文化的版权开发也得以搭乘数字化时代的“便车”，通过互联网将产品大范围传播，从而获取丰厚的利润。

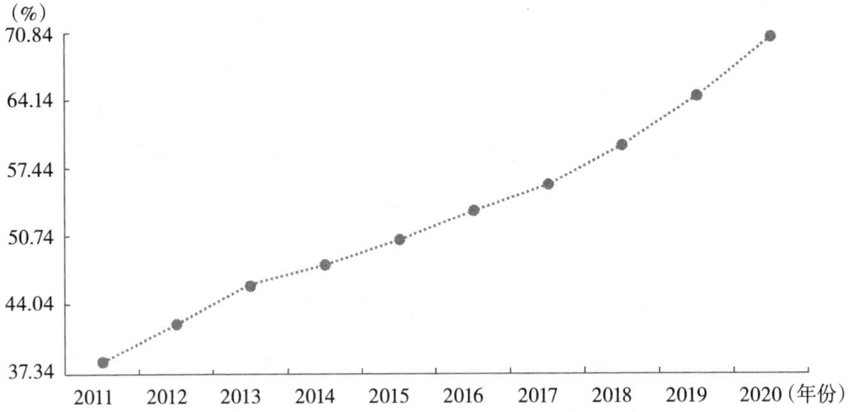

图4－9　2011—2020年互联网普及率变化

数据来源：国家统计局网站。

4.2.5　传统文化版权开发内部劣势

传统文化产业的版权开发，在获取版权、开发、盈利、保护的各环节中，存在着很多不足以及风险因素。

4.2.5.1　WP——互联网使用成本攀升

随着信息技术的不断进步，网络传输速度逐渐加快、越来越稳定化，移动端媒介的使用持续增加。目前，互联网中的新媒体平台的用户众多，许多机构都参与到了版权开发的竞争中。互联网视频的付费功能应运而生，同时，版权价格过度攀升带来的弊端也逐渐显现。

这种现象会严重影响传统文化版权开发产品在互联网市场的传播，有形成市场壁垒的风险。互联网平台目前的运行模式主要是购买版权，免费传播，通过用户付费或广告费收回成本。版权购买所花费的资金会反映到产品和服务的质量上，对于用户来说，他们的付费意识以及习惯还处于培养阶段，这无疑会影响付费模式的形成，那么广告费用能否带来期望效应就成了买卖双方考量的重要因素。在当前盈利模式中，很少有企业可以借助传统文化的版权开发来实现盈利，这就会导致企业资金紧张无法维持正常的运转，最终会影响版权开发的核心竞争力。

4.2.5.2　WE——版权开发缺少规划

当前传统文化的版权开发依旧停留在表面，仔细分析国内外版权开发的模式就会发现，虽然中国已经开始了版权开发，但是与发达国家相比，还有很大的差距，版权资源没有得到充分利用。在国外，文化版权的资源开发拥有自己的一套流程，在这一过程中，每一部分都会充分利用版权价值，将其最大化。而我国版权开发只在一个单一的链条中延伸，没有考虑到长远收益，只能获得短暂的利益。因此，对于衍生品的开发及其规范化仍需完善。

4.2.5.3 WS——公众对版权制度认识不足

版权开发获取价值及利益的主要来源之一就是内容性要素，优质的内容在整个开发过程中具有举足轻重的作用。一些企业为了迎合受众，传播格调不高、内容低俗的文化产品。此外，原创者也属于内容要素中的一部分，在商业化开发的过程中，原本的独立创作将会转变为开发者以及消费者间的博弈，虽然这种方法可以在很大程度上满足消费者的需求，但是中国传统文化的核心也会逐渐失焦，甚至无法开发出具有更高价值的内容。

我国对于影视剧、图书、音乐产业的开发一直延续到现在，究其根源是因为作品及产业本身的经典性。然而，当前社会中的许多产业在开发后仅红极一时，比如短视频行业中的一些舞蹈作品，仅仅靠吸人眼球来获取收益，并没有背后的价值支撑，不久就会被人们遗忘，这种“快餐文化”是当前急需解决的一大难题①。

4.2.5.4 WT——版权开发模式单一

只有丰富的传统文化以及符合社会价值观的版权开发才能顺应社会的发展，进而带来更大的效益。但在当前社会环境中，若某个类型的文化版权开发走红，那么在短期内市场中就会出现同类型的作品，渐渐地社会环境就会陷入模式化的怪圈，开发水平越来越低，受众也会审美疲劳，开始厌恶商业化的运作。企业为了追求经济效益，会创造迎合大众口味的产品，所以传统文化的版权开发盈利模式会陷入结构单一、形式相似的困境中，甚至在盲目跟风、追求开发进度的行为下，文化产品的质量也会逐渐降低。

---

① 袁莉．“快餐文化”下中国舞蹈产业的现状：以舞蹈三度创作解释这一现象[J]．大众文艺，2016(19)：159.

4.2.6 传统文化版权开发外部机遇

4.2.6.1 OP——政策供给不断加强

综合我国政府自2000年以来文化体制和知识产权制度改革举措来看，其呈现出大力支持文化产业发展的态势。2018年12月25日，国务院办公厅印发《文化体制改革中经营性文化事业单位转制为企业的规定》和《进一步支持文化企业发展的规定》的通知，旨在推进国有经营性文化事业单位转企，也指明了近一段时间内文化产业的政策方向。同时，我国还出台了相应的政策，保障这些改革措施的实施，在激励和惩罚并重的机制下，把握住当前的政策导向是传统文化版权开发得以进步的机遇之一。

4.2.6.2 OE——宏观经济持续向好

自改革开放以来中国经济发展成就举世瞩目，我国GDP呈直线上升的趋势（见图4－10）。尽管当前受新冠肺炎疫情的影响，各国经济呈现反复波动的趋势，经济发展存在阻碍，但中国率先控制住疫情，成为全球率先复苏的经济体。另外，我国继续坚持扩大开放，积极参与国际贸易合作，持续引进精英人才和先进管理技术，不断探索经济体制改革的新路径，这都为推动传统文化的版权开发创造了良好的条件。

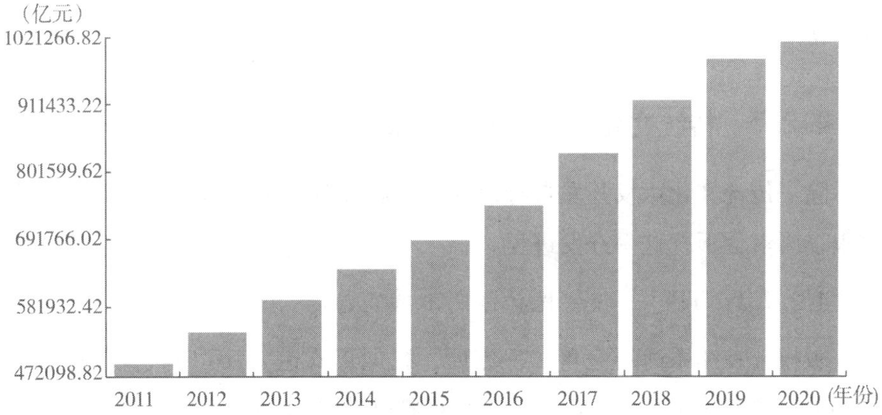

图4－10 2011—2020年国内生产总值变化

数据来源：《中国文化及相关产业统计年鉴2020》。

4.2.6.3 OS——中国文化走出国门

自中国通过在各国建立孔子学院传播中国文化以来，很多外国人表现出了对中国文化的浓厚兴趣，中国文化在国际上的认可度逐渐提升。此外，我国一直推行合作共赢的外交政策，主张和平、独立自主，尊重他国、平等合作，向他国伸出友谊之手，这些加强了中国与其他国家的紧密联系，对巩固文化产业领域合作、拓展文化贸易发展、弘扬中国传统文化都起到了正面作用。把握住这一关键时期，是我国传统文化版权开发吸收先进经验、实现新发展的另一机遇。

4.2.6.4 OT——科技文化产业融合

科技发展对传统文化版权开发的作用主要体现在版权产品研发中，从大环境来看，科技与文化产业也在不断地融合，许多文化产业的展现形式越来越丰富，纸质图书的精细化编排、影视剧绚丽的特技和明亮的色彩、舞台表演绚丽多彩的灯光设计都将科技运用其中。比如，在2017年播出的音乐综艺节目《明日之子》中，荷兹作为一个科技合成的二次元虚拟歌手参赛，凭借其高科技画面、合成声音俘获了大量观众的心；在每年一度的《春节联欢晚会》中，每个表演都运用了大量的灯光和虚拟背景设计，使得整体观感效果大幅提升。版权开发商从中吸取了大量经验，将科学技术融入传统文化的发展，从而收获了可观的经济效益。

4.2.7 传统文化版权开发外部威胁

除了传统文化版权开发自身遇到的问题以外，在宏观环境中，也存在着很多因素会干扰这一开发进程。

4.2.7.1 TP——版权保护体制不够完善

版权开发体系尚不完善。一方面，我国正式进入5G时代，但版权保护相关法律无法满足时代需要，很多概括性表述容易导致实际工作中指导意义大打折扣，不利于实际操作，尤其在大力发展数字经济的当下，关于数字版权的法律还缺少实际的可操作性以及指导意义。另一方面，版权开发相关法律更新速度较慢，不能很好地适应时代的发展。由于经济形势不断变化，版权开发也会不断出现各种新问题，法律的更新速度还需要进一步加快。政策引导力度不够，中国传统文化的版权开发需要政府带领、帮助以及保护，如此才能优化文化产业的资源配置，高效促进版权的开发与建设。当前，我国版权管理体制还存在着一些欠缺，比如，对版权的主动保护和管理不足，更多依靠于事后行政救济；提高版权保护意识；政府在对版权开发实施保护时的公共服务意识不强等。

4.2.7.2 TE——版权市场不够规范

在传统文化版权开发中，通过市场化手段营造竞争环境，不断推进版权产业高质量发展。但是，众多商家通常会争抢优质的版权资源，无人问津潜力版权资源。而且在当前的版权市场中还存在着版权资源过于集中、信息不对称等现象，导致原创者、开发商以及消费者的权益受到侵害。版权价值评估体系不完善，在版权市场中，版权价值评估专业机构比较少，而且缺少专业评估人才，导致评估的结果有失客观，不仅会造成对原创者的欺骗，而且会给版权购买方造成经济损失。信息不对称现象，在市场中，很多原创者对版权开发的认识有限，加上企业出于自身利益的考量，会在版权开发的过程中隐瞒信息，开出诱惑性的条件，进一步导致市场乱象频发，许多原创者甚至在版权开发后，难以分辨作品的版权是属于平台还是属于自己，或者是全部还是部分属于自己，以至于在签署合同后造成巨大损失。

4.2.7.3 TS——公众缺乏版权意识

当今，各界从业者既没有认识到版权的重要性，也没有意识到侵犯版权可能会带来的严重后果。这不仅会影响到公众版权保护意识的形成，而且会影响到版权开发的各项商业化运作。因此，版权开发的信息应该通过多种方式进行普及，使整个社会的认知得到进一步提升。

4.2.7.4 TT——对数字经济变革准备不足

随着互联网的快速普及和演变，侵权行为更方便操作。相比过去的侵权行为，如今的侵权成本大幅度降低。在过去，侵权不仅需要投入精力，而且面临着亏损的风险，但现在，原创者呕心沥血创作的作品，可能在下一秒就被公布于各平台上。由于互联网传播速度快，且网站的数量众多，原创者很难发现自身作品已被侵权，当发现的时候，损失往往已经造成且难以弥补①。同时，需进一步提升数字版权保护技术。伴随着数字化版权时代的到来，版权侵权的行为往往呈现出类型杂、数量大、成本低的特点，但是要想获取数字侵权的证据来进一步维权的话，就需要运用一系列的技术手段，这些会花费大量的物力、人力以及时间成本。因此，做好版权开发保护工作，加快文化产业开发的升级刻不容缓。

4.3 数字经济背景下传统文化版权开发的前景

信息技术的迅速发展为数字经济奠定了坚实基础，2017 年，《政府工作报告》首次写入“数字经济”一词，我国迈入了“数字经济时代”。在这一背景下，自身发展与传播媒介变革密不可分的传统文化版权开发首当其冲迎接数字变革。其主要通过利用数字技术加大自身创新、培养出更多高科技人才，与其他领域进行融合来拓宽版权产业开发。在新冠肺炎疫情出现反复的情况下，采取线上线下相结合的模式来进行宣传及管理，使版权开发更为高效。

4.3.1 传统文化版权开发要素

在对传统文化进行版权开发的过程中，仅仅依靠深厚的文化底蕴远远不够，还需要创新、人才、科技等因素共同推动。充分协调这些因素对传统文化版权开发的积极作用，才能不断迎接机遇与挑战，其中，数字科技有效提升了这些要素的作用，并持续以新手段探索融合要素的新模式。

4.3.1.1 创新——传统文化版权开发核心

作为新发展理念之一，创新是引领传统文化版权开发高质量、可持续发展的关键所在。在数字经济的变革中，传统文化版权开发的创新主要表现在动力新、层次新、模式新等方面。

一直以来，技术创新都在引领文化领域的创新，数字经济的发展能够让公众、企业更加准确、快速地获取数据，而数据作为重要的生产要素之

① 袁莉．“快餐文化”下中国舞蹈产业的现状：以舞蹈三度创作解释这一现象[J]．大众文艺，2016(19)：159.

一，能够更为客观公正地反映出开发产品的受欢迎程度以及市场反响。通过平台反馈的数据，开发商还可以与用户建立起联系，获取公众需求，从而有针对性地创新和营销产品，在创造出新价值的同时实现产业增值。通过数据分析可以降低宣传成本，而且能够创造出更加匹配用户的文化产品。在此过程中，商家还可以遵守差异化的动态定价原则，降低用户不必要的支出，提高用户对产品的体验感、忠诚度和满意度，使服务更加灵活①。例如，伴随互联网出现的网络文学、伴随移动网络普及出现的游戏产业，甚至随后的网络直播等，这些新型文化产业的出现都彰显了数字技术是驱动传统文化版权开发事业发展的原动力。

当前仍有很多传统文化版权开发运营模式较为传统，要想实现利益最大化就需要对传统运营方式进行调整。在数字经济时代，创新平台运营模式是主要方式之一，这种方式可以促进经济的增长，很多偏远地区的文化产业开发后在淘宝、拼多多、小红书等平台上进行“直播带货”，某些成功案例能在短时间内实现地区的经济跨越式发展，如最近爆火的“直播达人”、网红主播等通过直播带来的成绩让人望尘莫及（见表4－10）。

表4－10　“村长带货”成绩单

县	姓名	职务	平台渠道	当地产品	产品销量（单）	销售地	销售金额（万元）
襄汾县	白建成 鹿剑英	县长 副县长	快手 抖音、拼多多	金丝皇菊、尧京葡萄酒、油桃、三合成辣椒酱、老关家肘子	17012	全国各地	51.00
安泽县	刘合生	副县长	抖音、淘宝	红谷米、连翘茶、松针枕、江子富康樱桃	3870	全国各地	37.80
古　县	周　兴	副县长	抖音、电商、京东	连翘茶、核桃、小米、五谷杂粮	9756	全国各地	35.00

① 李晖．数字化时代下景德镇陶瓷文化创意产业的发展现状及前景[J]．景德镇陶瓷,2020(2)：33－34.

续表

县	姓名	职务	平台渠道	当地产品	产品销量（单）	销售地	销售金额（万元）
曲沃县	魏　波 崔永慧	副县长 副县长	快手、抖音 微信直播	曲沃羊汤、黑蒜、泡蒜、驴肉、香菇酱、青铜器、工艺葫芦	10062	全国各地	34.19
乡宁县	马　平	副县长	抖音、快手 电商直播平台	紫砂壶、戎子酒、翅果油、玫瑰系列	363	临汾	28.97
翼城县	胡国华	副县长	拼多多、抖音	小米、苹果、翅果油、蜂蜜、樱桃等	1119	全国各地	3.21

4.3.1.2　人才——传统文化版权开发的实践者

人才对传统文化版权开发具有关键的支撑作用。传统文化产业在发展过程中之所以能够辉煌，最关键的要素不是资源、资金，而是高水平创新能力的优秀人才。在数字经济时代，人才对文化产业的重要性更加凸显，在一定程度上已成为衡量文化企业能否实现可持续发展的重要因素。近年来，我国文化领域从业人员呈现增加趋势（见图4-11），为产业发展提供了良好的人才保障。

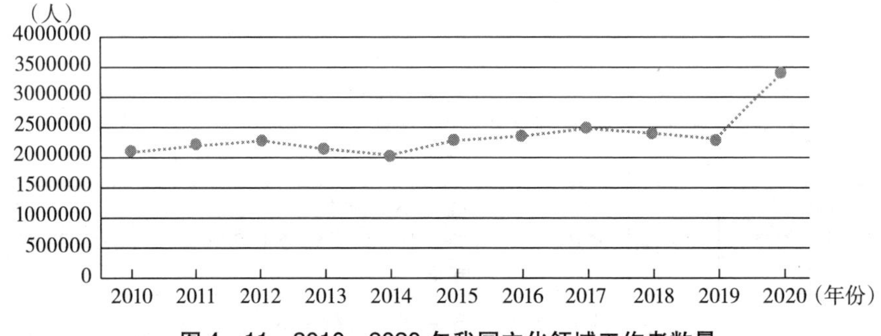

图4-11　2010—2020年我国文化领域工作者数量

数据来源：国家统计局网站。

4.3.1.3　科技——传统文化版权开发的助推器

在传统观念看来，科技仅仅是传统文化呈现的载体及形式，其与文化之间是形式与内容的关系，这种认知停留在了较浅层面。如今科技的快速迭代能够重构传统文化的业态，数字技术也逐渐成为产业经济增长的引擎。

数字经济改革加深了文化产业与科技之间的联系，使得科技贯穿文化产业发展的全过程，推动了数字化管理体系的建设，助力打造传统文化版权开发的全新平台①。数字化管理指的是企业在管理的过程中，通过观察收集到的数据来发现问题，再通过数字技术来进行量化管理，从而实现开发、协调、服务、创新等职能。“数字经济”对于文化传承以及创新有着至关重要的作用，技术可以将庞大的数据综合整理起来，有利于版权开发商进行观察了解，为进一步提供更好的文化消费贡献自己的力量。中国传统文化多种多样，在进行版权开发时，需要有一个信息管理及评估平台来保障开发平稳运行。许多数字媒体现在已经开始加强对数字技术的运用，这就使得开发后的产品传播速度更加快捷，越来越多的文化能在短时间内为公众所熟知。但与此同时，这一技术也存在着隐患，快速传播难免会存在信息泄露的问题，所以在运用新兴技术的同时，要加强自身的版权保护，通过数字化的管理来保护劳动成果，在必要的时候，需要对相关人员进行适当的培训以及引导。

传统文化的版权开发是基于自由性和开放性而进行的，在未来，如果想要进一步提升和开发产品，就要大力发展数字出版产业。不但要平衡好新媒体和旧媒体之间的关系，积极推动产业以及行业的合作，而且要实现内容资源整合和版权开发的双赢。数字出版企业比传统出版企业要更加灵活，在与新媒体产业进行融合时也更为顺畅。数字出版企业可以协助传统的出版企业向更加多层次、多元化的方向转变。开放式的平台一方面可以促进企业间数字内容的共享，加快新旧媒体间的协调，拓展数字出版的产业链条；另一方面可以开发出更多的优质版权资源，为用户带来更好的体验，创造更大的经济效益和社会效益。

---

① 范周．数字经济变革中的文化产业创新与发展[J]．深圳大学学报（人文社会科学版），2020(1)：50.

4.3.2 数字经济对传统文化版权开发的影响

数字经济对传统文化版权开发的影响是潜移默化的，包括物质和精神两个方面，其中有共享开放的平台思维、跨界合作的融合思维以及迅速迭代的创新思维等。尽管这些模式是无形的，但是对传统文化版权开发的影响和改变却是变革性的。

4.3.2.1 塑造全新盈利模式

在数字经济的大背景下，传统文化版权开发后形成的产业链已经不仅仅是传统的价值交换，每个节点的生产要素及群体角色都在不断变化，逐渐在新趋势下发挥更大的价值，最大化利用传统文化资源，创新商业模式，具有代表性的模式为社群模式、免费模式、共享模式、长尾模式等。

社群模式主要依据口碑经济，在传播的基础上实现。这一模式充分发挥互联网快速、准确的特征和扁平化的管理模式等优势，推动消费者从简单消费向创造额外价值转变。比如，致力于中国古诗词传播的综艺节目《中国古诗词大会》，通过与现场以及网络终端的参与者互动来实现经济效益的最大化。免费模式通过抛出“免费”这一标志性词语，吸引更多的潜在消费者，扩大传统文化客体涉及范围，以获得商业利益。这种模式通常将品牌广告投放于热门平台以获利，如自媒体平台、网络视频等。共享模式强调的是资源的迁移功能，将过剩资源整合后打包注入新产业，以期提高资源的利用率，激活生产要素的活力。长尾模式的关键在于规模效应。数字经济能够聚集众多小市场，为传统文化版权开发提供方便灵活的流通渠道，推动其产生足以与主流匹配的能量。如小众书目的出版，尽管其热门程度无法与主流书目相比，但鉴于这些因素，小众书目在出版时定制的数量有限，不会造成库存积压，故其带来的销售利润与畅销书不相上下。

4.3.2.2 增强公众体验感

传统文化的版权开发虽然有多种形式，但是很难广泛传播，数字技术可以建立更为生动的形象，让人对其有着深刻的认识，让受众群体体验更为真切，并带来深层次的、强烈的沉浸感，从而拉近参与者与文化产品间的距离，进一步提升公众对文化内容的观看意愿，提升大众对文化发展的接纳度。

最近兴起的 VR 以及 AR 技术就是很好的例子，依靠数字技术，把人的感受通过数字化的方式进行展现，构建一个极其真实的虚拟场景，让人能够更好地体验感知场景中的内容。在现实生活中有很多的博物馆就采取了这些技术，因为博物馆中的物品历史悠久，仅对其进行讲解很难使公众理解，有些博物馆会利用巨幕投影的技术，激活文物之魂，为观众带来震撼的体验，从而加深了观者印象。

4.3.2.3 优化供给端及消费端

伴随着 5G 时代的来临、“互联网 +” 热度的上升、创新驱动战略的实施，我国已经成为一个互联网大国，不断对传统文化版权开发供给端和消费端进行优化，为这一领域的发展注入了新动力。

从供给端而言，不断优化传统文化的内容，促使其实现自身转型，更加贴合消费者的消费形式、消费习惯。另外，运用数字科技加速传统文化与新兴领域融合，不断推动数字技术向传统文化版权开发各阶段渗透。从消费端而言，数字经济已经对消费者的消费形式、消费习惯产生了影响。人们逐渐由传统文化的实体消费向虚拟消费转变，最为明显的是体现在图书出版、电视剧、电影等领域。除此之外，消费者不再仅仅是文化产物的接受者，而是可以通过数字技术参与文化产品的创作，实现消费模式由大众化向个性化、定制化转变。

综上所述，在数字经济的时代背景下，文化产业的版权开发有很多数字技术可以利用，以此来促进自身的发展与进步。但值得关注的是，数字经济不只会带来机遇，同时还会带来风险与挑战，传统文化在版权开发的过程中应当借助数字经济的优势，规避数字经济带来的弊端。

4.3.3 传统文化版权开发在数字经济背景下的挑战

近年来，数字经济推动我国文化事业的发展，使得互联网上网人数逐年递增（见图 4－12），很大程度上带动了网络视频、网络游戏、网络音乐、用户规模的增加①，但是数字经济带来的弊端仍不可小觑。只有进一步协调传统文化版权开发与数字技术关系、研究数字技术的保护、减少消费分层、推动知识产权保护制度的完善，才能从源头上对文化产品进行保护，实现版权开发的利益最大化。

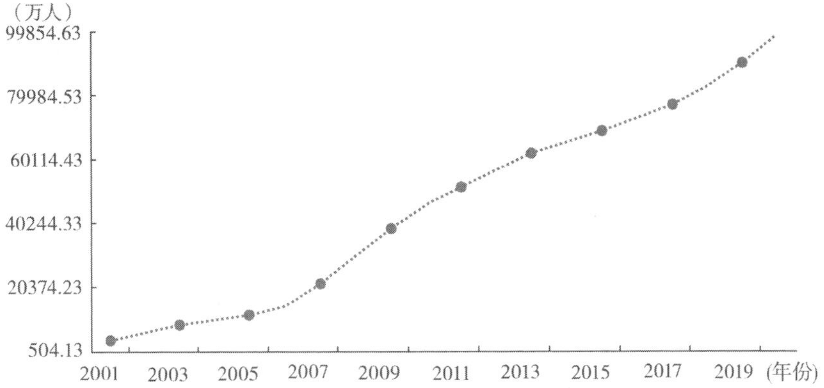

图 4－12　2001—2019 年互联网上网人数变化

数据来源：国家统计局网站。

4.3.3.1　数字鸿沟凸显

如今我国互联网用户已经超过 10 亿，这与第三次消费升级共同推动了传统文化版权开发的纵深发展。数字经济也持续为改善服务、扩大就业、经济增长发力，但是消费分层、数字鸿沟凸显问题也逐渐显现，在一定程度上阻碍了数字红利的进一步释放。因此，在传统文化版权开发过程中，应极力消除数字资源分布不均带来的城乡差异，将数字鸿沟转变为数字红利是其当前需考虑的重要问题。

城乡居民间的消费差异一直是我国急需解决的问题，尤其是在文化娱乐领域的消费，更能体现两者间的差距。虽然我国于 2021 年实现了全面建成小康社会的目标，但是城乡居民的可支配收入仍然存在差异。近年来农村居民在文化领域的人均消费呈现逐年递增的态势，并且增幅较大，但要追上城镇居民的消费水平仍有较长的路要走。为了弥补两者在文化领域的

---

① 国家统计局社科文司. 文化事业繁荣兴盛　文化产业快速发展[N]. 中国信息报,2019－07－26.

数字鸿沟，应当从以下两个方面发力。第一，提供异质性文化产品。对传统文化进行有针对性的开发，依据城乡居民不同的消费习惯提供差异化产品及服务，并运用数字技术为农村及偏远地区的教育水平助力，避免出现由代际相传导致的“数字贫困”。第二，均衡数字资源。在观看网络视频、玩网络游戏、听网络歌曲这些门槛较低的互联网参与领域，城乡居民的差异尚不明显，但是从网络支付、网上购物、互联网理财等角度来看，城市居民的使用率远远高于农村。因此，解决数字资源分配不均的问题迫在眉睫。

4.3.3.2 传统文化供给落伍

在数字经济时代，数字技术与传统文化是相辅相成的，如果停滞不前就会被淘汰。数字技术完善了传统文化的价值链，不断加速版权开发的步伐。与此同时，传统文化提升了数字技术竞争力，赋予了数字技术全新的内涵，在数字科技融入传统文化版权开发全过程的当下，协调两者间的关系、不断优化产业链及供给是避免淘汰的最佳手段。

一方面，传统文化与数字技术间的关系密不可分，数字技术可以丰富传统文化的供给内容和形式，使其呈现出个性化、精准化的态势；而传统文化又反作用于数字技术，强化数字技术的精神内核。另一方面，传统文化以原创性、创新性为发展根基。虽然数字技术在很大程度上简化了开发过程，但是传统文化内容的版权问题却依旧存在，并且在不同的发展阶段及环境下呈现出不同的特点。因此，为提升传统文化内容的优质性，必须顺应数字经济时代发展的新趋势，从产品技术创新向“数据驱动”管理创新转变，并不断强化文化产品的原创性，提高传统文化自身的核心竞争力。

4.3.3.3 数字版权保护体系不够完善

在对传统文化进行数字改革的同时，侵权现象也随之增加，并且网络作品版权的侵权方式逐渐呈现出多样化、复杂化的态势。随着生活水平的逐步提升，人们对于美好生活的需要更多体现在文化消费领域，因此加强市场监管是文化领域数字改革的迫切需求。

首先，网络侵权已经从传统的服务器储存向客户端下载、云盘下载、盗版链接等模式转变，加上侵权主体数量的增加，起初的监管存在新的漏洞。究其根源，网络侵权现象频发的原因是侵权处罚程度小、违法成本低，应当从多方面入手提升监督管理水平，如运用数字技术提高反盗版的能力、健全侵权曝光制度、约束企业不规范行为等。其次，数字经济催生了大量不确定性、低俗的传播内容，使得监管对象也更加复杂化，原来的互联网监管远落后于发展的新阶段。故全面构建“事前、事中、事后”监管体系是数字经济背景下的新命题，全社会成员也应当提升版权保护意识，自觉抵制劣质文化产品，营造弘扬传统文化的氛围。

5　数字经济背景下传统文化版权开发的国外参考

5.1　日本模式

传统文化经版权开发后蕴含在图书、视听、演艺等作品中，作品量达到一定规模后，便会产生模式化的产业，而日本成就突出的当属动漫产业。众所周知，日本被称为“世界上最大的动漫产品输出国”，全球约60%的动漫来自日本，21世纪后动漫产业更是被列为日本第三大产业，成为日本经济发展的支柱。尽管我国近年来一直努力将传统文化融入动漫产业，但是产业规模、融合特色与日本相比仍有差距，故本章将分析日本传统文化、动漫产业及其两者间的关联，借鉴日本动漫产业发展的成功经验，以此推动中国动漫产业的进步。

5.1.1　日本传统文化

传统文化作为艺术的根基，在动漫产业的发展中具有重要意义。日本传统文化包含隐性文化以及显性文化：隐性文化主要指的是精神层面的内容，包括神道教、“物哀”文化等；显性文化以现实世界中的实体展现，包括樱花、和服、建筑等（见图5－1）。这些文化对动漫产业有着深刻影响，赋予了日本动漫独特的色彩。

5.1.1.1　神道教

神道教简称为“神教”，是宗教文化中的一种，指的是神话天皇，赋予各代日本天皇神性，将日本民族称作“天孙民族”，而且视自然界的各种动植物为神明，认为自然界中的生物都具有灵性，持续追求人与自然和

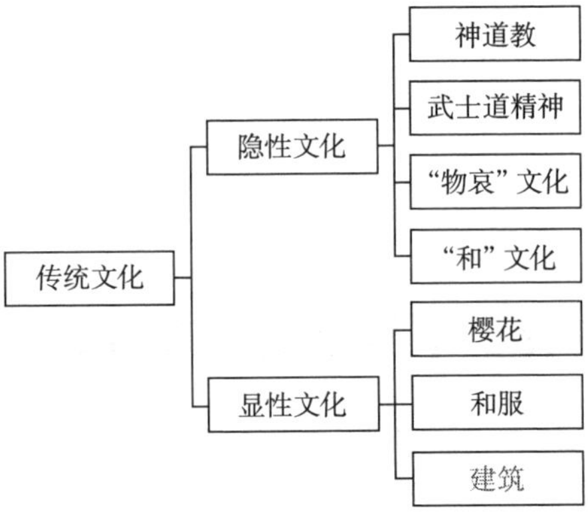

图 5－1　日本主要传统文化

谐相处。"神道教"这一名称于公元 5—8 世纪佛教传入日本后产生。随后面对外来文化的冲击，神道教在中国儒家学说、印度佛教学说、西方近代文化的影响下不断完善，成为日本政治的核心内容。发展至今，神道教和日本文化息息相关，众多经典动漫作品中都有神道教的踪影。神道教在与动漫艺术结合后更具大众化、世俗化，原本沉重古老的传统文化也得以以一种更轻松愉悦的方式被公众接受。

5.1.1.2　武士道精神

武士道精神是日本武士所遵守的一种原则，是指为了实现个人对于团体、集体的价值，不惜以生命为代价，力所能及发挥自身的能力。武士道精神起源于日本古代，可以追溯至中国的佛教及孔孟之道，既包含以冒险为主的争斗内容，也包含以战争为主的暴力内容，在稳定社会、巩固政权的过程中起着举足轻重的作用。尽管武士、武士制度已经消亡，武士道精神在当代也受到极力反对，但这一思想在日本动漫中留下了深刻的烙印，产生了大量以武士为原型、广受好评的作品。

5.1.1.3　"物哀"文化、"和"文化

"物哀"文化体现的是"真情流露"，指的是在与外部环境的碰撞中自发产生的一种情绪。由于自然地理环境因素，日本频发海啸、地震等自然灾难，当地文化也逐渐带有悲剧性意味，自然而然形成了"物哀"精神，但这种精神并非实体元素，所以需要借助实体来表现。其中，"物哀"作

为一种独特的审美基调贯穿日本动漫发展全过程，许多作品具有淡雅、闲寂、幽玄的格调，整体画风笼罩在悲伤情怀中。

“和”在日本通常有和谐、友爱、合作、忍耐、谅解等意味。与神道教、武士道精神、“物哀”文化不同，“和”文化贯穿众多传统文化，体现出的精神与物质也最具有传统文化的色彩。公众在日常的衣食住行中，就能体会到“和”文化，如“和服”“和食”“和室”等。除此之外，“和”文化还蕴含在插花艺术、茶道艺术中：插花艺术在日本又被称为“花道”，广泛用于祭祀场合，以追求一种“静、雅、美、真、和”的意境，而“和”体现的则是内在的、整体的美；茶道艺术可谓最具日本传统文化特色，其喝茶习俗源自中国古代，日本早期仅有僧侣喝茶，随后传播至武士阶层，最后普及大众。茶道推崇的精神为“和、敬、清、寂”，将“和”放到了首位，“和”代表着主人对来宾的亲和感，有了“和”，主、客才能互敬互爱，闲寂地品味茶的清香。

5.1.1.4　和服、建筑文化

日本非常讲究礼节，和服作为日本的传统服饰，在日本礼仪的形成过程中具有重要作用，甚至有人将日本礼仪称为“和服礼仪”。和服礼仪主要在于“坐有坐相，站有站相”：穿和服坐椅子时以坐一半最佳，通常应双膝并拢、双脚微微向内弯曲；做客坐蒲团时，应先跪坐接触蒲团的角端，再横向跪坐到蒲团中间，坐好后应整理和服，双手交叉置于膝上；在站立时要挺胸直背、颔首低头、双脚并拢，女性只能小步慢行，能轻动衣袖但不能大幅摇摆。和服能够传承至今的关键在于日本特有的国民性、极高的集团和民族意识。另外，日本政府高度重视民族文化的传承，并将和服作为传统文化加以保护。

建筑文化是一个民族历史背景、文化特点的意涵载体，能够反映出一个民族所处的地域特征、生活方式以及生存状态，更能体现民族的需求共性及价值认同。日本的建筑文化既复杂又清晰：一方面，日本所处地理位置深受自然灾害影响，古代的建筑文化大部分是顺应“外部条件”产生，从而形成了建筑“清、静、和、寂”“简、素、洁、雅”的意境；另一方面，日本建筑文化受外来文化影响，融合了中国隋唐建筑章法和欧洲建筑风格，从而产生了“现代科技风格”与“传统和式风格”的碰撞，也因此具有了自身的独特性①。日本建筑以简约、清冷为主基调，对建筑空间、采光的要求极高，并且追求优质的材料属性，体现了极少主义的建筑思想。尽管城市中许多传统房屋已被现代化高楼替代，但日本部分地区依旧有保存完好的日式房屋，尤其是神社、寺院建筑，凭借古典、庄重的氛围感，体现出日本传统房屋建筑的特色。

5.1.2 日本传统文化与动漫开发

5.1.2.1 日本动漫产业

日本动漫产业可追溯至20世纪中叶，其经历了萌芽期、探索期、振兴期、黄金期、辉煌期及创新期（见图5－2），如今已形成了较为成熟的产业链，其发展与传统文化有着千丝万缕的联系。

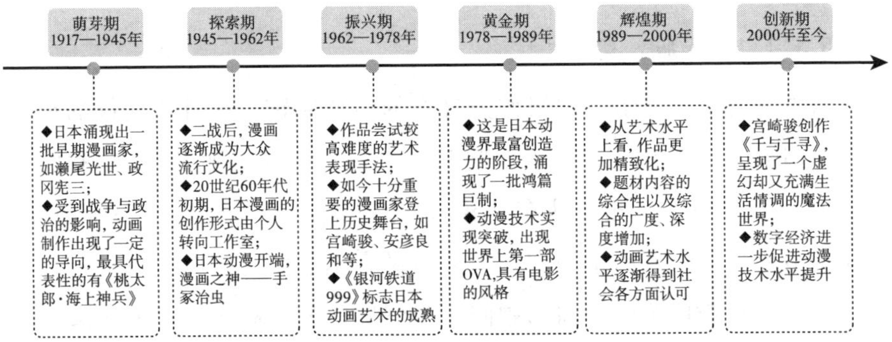

图5－2 日本动漫产业发展历程②

日本动漫产业在世界上处于“领头羊”的地位，在数字经济的加持下更是呈现出良好的发展前景，通常由一个作品就能延伸出一个完整的动漫文化创意产业。相比较日本的传统文化版权开发，近年来动漫创意产业的发展极其迅速，本书将结合日本采取的相应措施加以分析，并从中提取值

① 藤森照信. 妙趣横生的日本建筑学[M]. 南京：江苏凤凰科学技术出版社，2018.

② JPhouse. 影响全球的日本动漫产业，到底是如何到达现在这个高度的？[EB/OL].（2019－07－29）[2021－01－09]. https://mp.weixin.qq.com/s/d_De0Y_OAojw－nC_0JjPlw.

得我们借鉴的经验。

尽管日本传统文化动漫开发已经取得了较大进展，但纵观其发展历程，具有众多国家面临的共性问题。从内部而言，日本动漫产业主要面临两大难题。首先，过度追求娱乐化，内容缺乏价值引领。日本动漫产业在追求经济效益时，存在着“过度娱乐化”的趋向，扭曲传统文化内涵，甚至忽略了社会效益。由于日本动漫的制作资金来自制作委员会，采取的是挑选体制，易受市场运作影响，一些佳作会因不被市场需要和认可而被淘汰。为了存活，一些动漫作品迎合需求，无法实现对大众精神的引导，故而产生了媚俗化、庸俗化的问题。其次，动漫题材穷尽。近年来日本动漫产业过度商业化，制作模式逐渐呈现流水线形式，热门动漫作品不断在原作的基础上改编、再创作，这些简单的“复制”行为使得同一题材的作品同质化，而流水线式的制作模式更是助推了“复制”行为，加重了同质化的现象。从外部而言，日本传统文化动漫开发面临的国外竞争压力增大，美国的漫威动漫系列、中国日渐兴起的国漫热潮等在逐渐争夺全球市场。在数字经济背景下，各国也在寻求动漫制作的突破口，这对日本的动漫业而言是一个全新的挑战。

5.1.2.2 日本传统文化动漫开发

日本动漫作品中处处体现日本文化特色，可以说是日本文化的产物。漫画家乃至后来的制作团队在动漫中注入文化精华，聚集优秀传统文化的精髓、人们对美好生活的向往及生活趣事，将“文化种子”播撒至每部动漫作品中，使传统文化与动漫浑然一体。日本传统文化以隐性和显性两种方式在动漫产业中呈现（见表5－1），随着动漫产业版权开发的持续推进，实现了版权增值。

表5－1 日本动漫及其蕴含的传统文化

文化性质	文化名称	动漫名称	作者	内容
隐性	神道教	《幽灵公主》	宫崎骏	日本人侵略山林，麒麟作为山林守护者，与侵略者进行漫长的对抗
	武士道精神	《海贼王》	尾田荣一郎	香克斯永远记得与同伴的约定而不惜断臂

续表

文化性质	文化名称	动漫名称	作者	内容
	“物哀”文化	《死神》	久保带人	死亡界被世界观隔开，使得人们对生死的认识模糊
显性	樱花	《秒速五厘米》	新海诚	漫天飞舞的樱花树下，主人公定下誓约
	建筑	《你的名字》	新海诚	将生活场景直接用原画展现出来，以获得互相成就的效果
	音乐	《灌篮高手》	井上雄彦	曲谱激动人心，歌词充满激情，前奏响起就足以让人充满干劲

将“神道教”从两方面融入日本动漫作品。一方面，“神道教”崇尚自然，认为世间万物皆有灵性，倡导爱护环境、保护生态、人与自然和谐共处。这在宫崎骏的动漫中得以生动体现，他不仅反思人与自然间的关系、宣扬保护环境的思想，而且强调人类对自然应持有敬畏态度。如《幽灵公主》叙述了日本人在室町时代侵略山林，山林的守护者——麒麟与侵略者进行的漫长对抗，将麒麟这一动物视为神明①；《千与千寻》描述河神在被人类垃圾污染后变成腐神，白龙在人类肆意建设后失去家园，控诉人类破坏环境、毁坏生态的恶行。此外，影片中的神灵原型通常源于日本神话及宗教信仰，比如河神白龙、煤球精灵、女巫汤婆婆以及八百万众神等②。另一方面，“神道教”认为人性本善，只要时刻保持善心、真心，就能够拯救自己的灵魂。在《千与千寻》中，千寻的成长经历体现出“善必能战胜恶”的理念：如千寻被陌生环境及神灵鬼怪环绕，尽管她恐惧、无所依靠，却依旧选择坚持自己的初心，也正是这些遭遇磨砺了她的心智，让她变得更加坚强。整部影片中以“善”为主题，如千寻帮助白龙找回记

---

① 柳玲．“异界”场景的日本传统文化分析：以宫崎骏动漫为中心[J]．兰州教育学院学报，2018，34(7)：95－98.

② 方一舟，方田．从《千与千寻》看日本传统文化在动画电影中的应用[J]．景德镇学院学报，2020(4).

忆、尊重被污染过的河神、帮助无人理睬的无脸男躲雨等，最终也是凭借着自身的善良，与汤婆婆斗争并取得胜利，回到了现实世界。

武士道精神往往与战争、竞技类的动漫相关。在武士道精神中“禅宗”精神值得一提，依托于这一思想，日本武士对死亡有了全新的理解，不但不畏惧死亡，甚至将死亡当作消除耻辱、保全名节的重要手段①。在《反叛的鲁路修》中，鲁路修为赎罪背负一切离开人世；在《海贼王》中，香克斯不惜断臂，信守与同伴之间的约定；在《火影忍者》中，漩涡鸣人脱离黑暗世界的生活，寻找自身想要的阳光；还有以战争、竞技、格斗为主的《天空战记》《棋魂》《灌篮高手》《奥特曼》《火影忍者》《浪客剑心》等。这些动漫人物共同具备无私无畏、舍生取义、甘于奉献的精神，尽管有些行为在外国观众看来难以理解，但在日本武士看来，这些行为却十分高尚。

“物哀”文化与神道教、武士道精神不同，其以一种较为隐秘的方式融入动漫。如在动漫《死神》中，世界观被扭曲后将生死的界限隔开，模糊了人们对生死的认识；在《幽灵公主》《风之谷》中描述了人与自然间的对立关系，这与神道教强调人与自然和谐共生发生矛盾，更是体现了“物哀”文化；在漫画家大友克洋的作品中，东京这个城市曾被多次摧毁，但是剧中人面对满目疮痍的城市依旧发出了“真美”的感叹；在《混沌武士》中，即使是神经大条的无幻也在旅途中仰望夜空感叹：“恒星之下，我们皆沙②。”

樱花在动漫中具有不同意味。在青春题材的动漫中，相见时樱花是纯洁的友情、爱情的象征，离别时又是凄凉、离别之悲的意象；在战争题材的动漫中，樱花往往与武士的坚忍精神相联系；在现代题材的动漫中，樱花则象征着国泰民安，整体发展状况持续向好的景象。如在动漫《秒速五厘米》中，主人公在漫天飞舞的樱花下，多年之后再次相遇、约定好彼此

---

① 张婷婷．日本动漫与文化的互动关系及对中国动漫产业的启示[J]．速读(下旬)，2017(12)．

② 孟亚杰，刘秀哲．日本动漫中物哀美学的建构与表达：以宫崎骏动漫为例[J]．延安职业技术学院学报，2021(3)．

不再相见、怀揣梦想许下心愿等。

建筑文化以一种更为直接的方式体现在日本动漫中。日本动漫的环境原型大多源自真实场景。与单纯的文字、图画不同，动漫具有展现方便、表现力强、受众较广等优势。在《你的名字》中，新海诚还原须贺神社、长野县诹访湖等实地场景，并且展示日本人实际生活，比如口嚼酒制作、传统舞蹈以及秉承民俗特色的结绳，这部动漫模糊了虚拟空间和真实空间的边界，弱化了观众与动漫间的界限感，从而增加观众想进一步了解的渴望①。

除了视觉享受之外，日本动漫的音乐也为观众带来了听觉盛宴。音乐在动漫中发挥的作用不容小觑，动漫家往往运用音乐赋予动漫特色，通常一部热门的动漫作品离不开美妙音乐的烘托，两者通常配合衔接得天衣无缝，当旋律响起时，故事情节也或缓或急地推进。比如，在《幽灵公主》中，久石让运用日本的传统民族乐器——龙笛、筚篥，并以日本特色的五声调式为基础，配合以大量弦乐来展现静谧、悲壮、狂暴等不同层次的情感。而《天空之城》的主题曲《从天而降的少女》，以柔美的旋律表达淡淡的忧伤，缓缓拉开剧情的帷幕，随后是打击乐器与管乐器共同协奏的活泼曲调，之后的主题音乐是弦乐器独奏，这首主题曲贯穿了整部动漫作品，随后的主题音乐都基于此段音乐调整。

总之，日本动漫作为一种丰富的亚文化，与传统文化、历史、社会文化密切相关，并给予这些文化以反作用。部分作品将目光投入现实，引起观众的理性思考，也有部分作品致力于探讨人性，表达朴素却容易被忽视的主题，将人带回自然与纯真。

5.1.3 日本动漫开发经验及借鉴意义

日本动漫能取得如今的成就，关键在于动漫产业自身采取的积极举措以及外部环境提供的支持。

一方面，动漫产业自身做出了以下突破。第一，形成了完备的产业

① 柳玲.“异界”场景的日本传统文化分析：以宫崎骏动漫为中心[J].兰州教育学院学报，2018,34(7):95－98.

链。动漫自20世纪90年代起便成为日本重点发展产业，动漫产业链自此开始构建，多年来逐步完善成为“出版漫画作品—制作动漫上映—转让、出售版权—打造动漫衍生品—成功出口动漫作品—‘二次开发’动漫作品—热门作品再开发”的产业链，这种滚动开发模式推动日本动漫风靡全球，以此获得经济效益。第二，健全的人才培养模式。因为日本动漫产业链完整、制作过程涉及众多行业，需衔接多种类动漫人才，所以日本动漫产业逐渐构建并完善人才培养的体系，包括动画教育机构系统培养动漫制作人才、大型的动漫公司人才培养以及知名漫画家传授技术，以促进不同画风的发展。第三，市场分类细致，进行分级管理。日本的动漫作品按照年龄、题材、职业等因素进行分类，通过区分受众群体的差异性，动漫作品与市场需求更贴切，更能准确把握受众特征，从而在制作动漫时提升精准度。此外，日本将动漫出版物划分为一级出版物、二级出版物以及三级出版物，严格执行分级管理策略，促进动漫市场的规范发展①。

另一方面，日本传统文化动漫开发受益于外部支持。第一，数字技术的发展。众所周知，日本的电子工业非常发达，自电视机普及后，便成为动漫广泛传播的平台，电视广告也为动漫发展筹集了大量资金，近几年互联网、移动媒体的发展促使动漫软件迅速发展，日本动漫的传播载体增加，在传播效率提高的同时降低了制作成本。第二，政府的大力支持。自1996年，日本政府就在《21世纪文化立国方案》中提出，推动日本从经济大国定位向文化输出大国转变，随后出台一系列政策，把发展动漫产业提高到了基本国策的地位，并且在知识产权方面提供法律保障、为动漫产业提供大量资金支持、设立专门人才培养机构以及创建相应的奖励机制等。第三，各国社会公众的认同。日本动漫产业在制作过程中时刻强调公众的观感，不断丰富人物、动作、画风设计，带给观众以美的享受，因此在全球范围内，公众对日本动漫的认可度极高，这也持续推动日本动漫的出口，维持产业的繁荣发展。

其中，值得一提的是动漫产业的再开发。日本动漫的制作体系成熟，

① 陈晓忠．日本动漫发展的成功要素分析[J]．美术教育研究，2016(20)．

不仅得益于其自身创意性、囊括广大消费群体的特点，还得益于其自身独特的发展及销售模式。

日本的热门动漫依据不同IP形象采取独立发展模式，从而获得消费者的认可，增加IP形象自身的市场竞争力及文化价值。比如，宫崎骏的动漫作品《龙猫》可谓家喻户晓，吉卜力工作室打造此形象的全产业链，依据行业特性开发多种类产品，发展为线下周边店，常见的商品有抱枕、毛巾、拖鞋等，这些商品能快速增加顾客黏性，扩大消费群体广度①；日本著名的高达系列动漫作品，通过创新与食品行业的结合，发售限定的季节性食品，不仅提高粉丝的经济效益，而且让粉丝在潜移默化中加深IP形象印象。除以上两种发展模式外，日本动漫产业还有创立IP形象景点、成立美术馆等极具特色的形式，如吉卜力工作室开设的手冢治虫纪念馆、三鹰之森吉卜力美术馆等②。

日本动漫产业采用集体整合的销售方式，例如，日本著名玩具中心——博品馆，便是依据这种销售模式。博品馆位于日本东京最繁华地区，从负一楼到四楼全是各种电玩游戏、玩偶、模型，这些玩具通常为热门卡通人物形象的周边产品，分类细致，可针对不同人群、功能进行分类，不同的卡通形象设有专门的销售柜台，这促使消费者可根据自己的喜好及需求进行消费。其中，动漫产品本身在很大程度上带动了动漫周边产品的销售③。同时，博品馆发挥动漫人物形象的集体优势，将热门卡通形象的周边产品整合在一起，不仅为消费者提供便利，而且促进卡通文创产品间优胜劣汰，将决定权交给市场，方便对周边产品的创新及改进，推动日本动漫文化产业良好发展。

如今，日本动漫产业已经不仅仅是在电视、电影院中的影视剧及漫画书上的漫画，它已经渗透进人们生活的各个方面。日本也在不断创新，加强与多行业的合作，从而提升动漫作品本身的生命力，促使其他行业焕发生机。

---

① 张娅萍，张晓．日本动漫产业的发展及其对世界的影响[J]．经济研究导刊，2017（19）．

② 陈奇佳．日本动漫艺术概论[M]．上海：上海交通大学出版社，2006．

③ 冯晶晶．从日本本土传统文化创意产业看动漫文化产业管理[J]．西部皮革，2020（2）．

结合日本传统文化动漫开发以及动漫产业再发展的成功经验，中国在对传统文化动漫产业版权开发的过程中，可以借鉴以下策略。首先，加强对高端创意人才的培养。动漫产业属于知识密集型的新兴产业，对于人才的需求量逐年递增。日本一直致力于对相应人才的培养、引进以及使用，并将这一策略作为动漫创意产业的重点，而我国也应当提高对高质量人才的关注度。其次，加大知识产权的保护力度。动漫作品的价值来源于其创造性及创新性，保护知识产权就是保护动漫产业的核心资产，只有保证知识产权不受侵犯，才能保证动漫产业链条各个环节的利益，这也与我国2020年颁布的《中华人民共和国民法典》内容相符。最后，加强动漫产业化的经营。动漫产业包括动画、漫画、衍生品生产等环节，促进衍生产品的开发是近年来日本关注的重点，我国也可以以此为参考，促进动漫产业与其他产业的多元合作。

5.2 法国模式

法国不仅拥有丰富的传统文化，还拥有繁荣辉煌的文化产业，并且其已经成为法国支柱型产业之一。传统文化贯穿法国人的日常，整个国家与文化间有着千丝万缕的联系。也正是如此，法国的文化产业拥有自身鲜明的特色。

5.2.1 法国传统文化

与日本传统文化在日本动漫中的彰显相比，法国传统文化的表现强度没有那么强烈，通常以一种潜移默化的方式融入公众的生活。法国传统文化也可以分为隐性文化和显性文化两种类型，隐性文化以天主教的宗教信仰、浪漫主义、骑士风度为主，显性文化主要指的是建筑、香水、时装、葡萄酒等（见图5-3）。得益于这些传统文化，法国的文化产业迅速发展，打造戛纳电影节、阿维尼翁戏剧节、格拉斯香水小镇等一系列带动经济的文艺盛会。

5.2.1.1 天主教文化

法国是近代欧洲社会世俗化的先驱国家，也是推崇宗教信仰高度自由

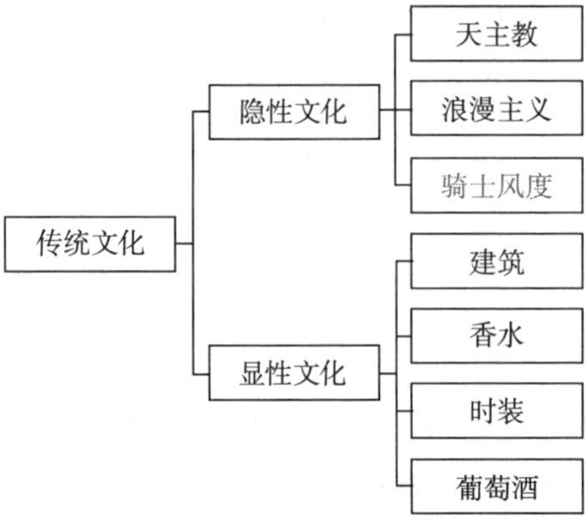

图 5－3　法国主要传统文化

的国家，在漫长的历史长河中，宗教对法国的发展起着至关重要的作用。法国的主要宗教是天主教，天主教的全称为“罗马天主教会”。法国对于宗教的重视程度非常高，不仅重视宗教教育，设立专门的教会学校、教堂，而且定期举办天主教的活动。这些宗教文化也逐渐地渗透于法国的众多文学著作中①。

5.2.1.2　浪漫主义

提起法国，人们自然而然地会将其与浪漫联系起来，法国之所以被称为“浪漫国度”，是因为整个国家都充满着艺术情调。法国当地的风土人情吸引着每一个去过法国的旅客。众所周知，法国人向来爱美，他们充分利用自身所处的自然环境，打造出一系列极富文化特色的旅游胜地。此外，值得一提的是法国人对待生活的态度，在法国巴黎街头，随处可见“街头艺术”，而这些活动的参与者大多是恋爱中的青年，从而增加了街头的浪漫气息。最后，无论是日常待人接物，还是在节日送鲜花的传统乃至对穿戴的严谨、见面行亲吻礼，都透露出浪漫的情调，最关键的在于这些浪漫都是自然流露出来的，而非刻意为之。在法国文学漫长的发展历程中，浪漫主义占据了其中极为重要的一部分。

① 孙欣欣，何星亮．法国学界关于天主教与政治关系研究现状及其特点[J]．世界宗教文化，2021(4)．

5.2.1.3 骑士文化

骑士文化起源于中世纪，也是“绅士风度”中的组成部分。“骑士文化”一词以法国封建帝国时期的骑士为原型，作为一名骑士必须严格遵守一系列的道德准则，并且应当具备牺牲精神，时刻准备为荣誉而战。当时，骑士精神以效忠国王为主。随着时代的发展，“骑士”一词演变成了身份、地位的象征，通常代表具有浪漫色彩的侠义精神，是许多有志之士的奋斗目标。而后，公众赋予其更多的内容，“骑士精神”成了效忠君王、扶助弱小、尊重女性、救死扶伤等美好精神的代名词。骑士文化也成就了法国文学作品中的很多经典桥段。

5.2.1.4 建筑文化

法国建筑风格按照时间序列来看，主要包括罗曼式、哥特式、文艺复兴式、古典主义、现代建筑艺术等（见图5-4），其中哥特式及古典主义建筑可称为“法国的特色建筑”。哥特式建筑在公元12世纪中叶出现于法国，并持续到公元16世纪，这类建筑主要采用拱券和垂直线来给人一种高雅、挺拔之感，整个建筑用细长的立柱支撑，并且在立柱之间镶嵌彩色玻璃窗，代表建筑有兰斯圣母大教堂、博韦主教堂、亚眠大教堂、沙特尔大教堂等。古典主义的建筑造型十分严谨，通常采用古典柱式，并对内部进行丰富装饰。这种风格的建筑一般应用于具有纪念意义的广场、宏伟的宫廷、王室园林等，如著名的荣军大厦、巴黎卢浮宫的东立面。这些建筑往往是众多文学著作的故事取景地，很多作品甚至以建筑名称来命名。

5.2.1.5 香水、时装、葡萄酒文化

法国香水、时装、葡萄酒产业被称为“三大精品产业”。法国的香水、时装文化引人入胜。法国人于13世纪前后就开始使用香精香料，起初的使用者以贵族为主。而后随着香水产业的发展，公众也开始关注、使用香水，因为不同的香水具有其特定的效果及内涵，所以人们在选取香水时非常讲究。如今法国已经创立了众多世界级的香水品牌，如纪梵希、兰蔻、娇兰等。此外，法国的时装在世界也享有盛誉。法国人对于时装文化的贡

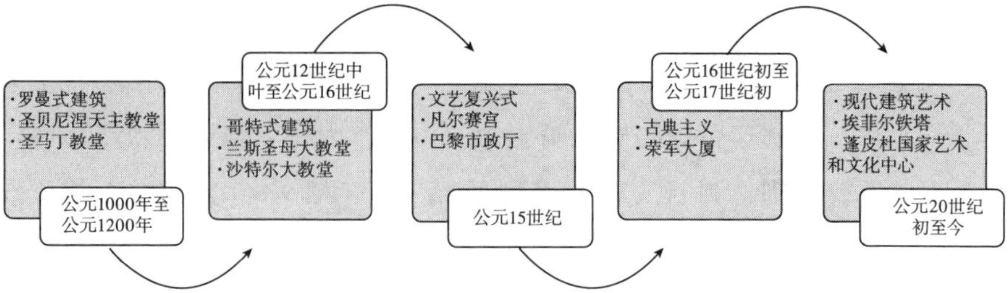

图5-4　法国建筑风格发展历程

献有目共睹，从起初的木偶模特、宫廷服装到随后伊丽莎白一世引发热门趋势的随意装扮，都反映出服饰文化的精髓，法国时装也凭借考究的风格、精细的做工闻名于世。法国的香水与时装之间关系密切，自时装设计师偶然发现在时装上喷上香水能实现时装和香水的“共赢”后，两者间的结合便成为一种有趣的文化现象。

葡萄酒文化是法国文化及文明不可分割的重要部分，体现了法国人对于精致生活的追求。法国的葡萄酒历史悠久，能够追溯到公元前600年左右，彼时希腊人将葡萄树及葡萄栽培技术引入法国，法国人于公元3世纪时开始酿造葡萄酒，随后伴随宗教文化的兴起，葡萄酒文化得以繁荣。如今，法国的葡萄酒文化已与政治、宗教、艺术、文化等领域交互影响，渗透到人们的日常生活中。同时，法国作为世界文化大国，其葡萄酒文化对全世界公众的生活方式也产生了极大影响。

5.2.2　法国传统文化与图书开发

不论是隐性传统文化，还是显性传统文化，都给予了法国文学强有力的支持，法国文学的最初形态属于中世纪文学，以《斯特拉斯堡誓词》为起源标志，发展至现在，法国已经涌现了许多文学流派、文学种类，为全世界的文学发展树立了良好的榜样。其中，法国将传统文化与著作相融合，并且其进行版权开发的成功经验具有代表性，这对解决数字经济背景下我国图书出版业面临的问题具有现实意义和借鉴价值。

5.2.2.1　法国图书产业

法国文学历史悠久，发展脉络清晰，从中世纪到现代，每个时期都有不同的风格和流派，而不同的时期也有其代表人物及著作（见表5－2）。

表5－2 不同时期法国文学代表作①

<table>
<tr><th>时期</th><th>类别</th><th>代表人物</th><th>著作</th></tr>
<tr><td rowspan="3">中世纪</td><td>市民文学</td><td>M. H. 吉罗夫</td><td>《列那狐传奇》</td></tr>
<tr><td>英雄史诗</td><td>—</td><td>《罗兰之歌》</td></tr>
<tr><td>骑士文学</td><td>罗贝尔</td><td>《特利斯当与伊瑟》</td></tr>
<tr><td>16世纪</td><td>人文主义</td><td>拉伯雷</td><td>《巨人传》</td></tr>
<tr><td rowspan="2">17世纪</td><td>古典主义</td><td>拉辛</td><td>《亚历山大》</td></tr>
<tr><td>女性文学</td><td>拉法耶特夫人</td><td>《克莱尔王妃》</td></tr>
<tr><td rowspan="3">18世纪</td><td rowspan="3">哲学沙龙</td><td>孟德斯鸠</td><td>《波斯人信札》</td></tr>
<tr><td>卢梭</td><td>《爱弥儿》</td></tr>
<tr><td>伏尔泰</td><td>《论信仰自由》</td></tr>
<tr><td rowspan="5">19世纪</td><td rowspan="4">浪漫主义</td><td rowspan="2">雨果</td><td>《巴黎圣母院》</td></tr>
<tr><td>《悲惨世界》</td></tr>
<tr><td>拉马丁</td><td>《孤独》</td></tr>
<tr><td>夏多布里昂</td><td>《阿达拉》</td></tr>
<tr><td>浪漫主义＆现实主义</td><td>司汤达</td><td>《红与黑》</td></tr>
</table>

中世纪的法国尚处于神本位时期，这一阶段的文学作品以市民文学、英雄史诗、骑士文学为主。市民文学的代表作有《玫瑰传奇》《列那狐传奇》等；最为出名的英雄史诗为《罗兰之歌》；骑士文学在前文也已经有所提及，包括抒情诗、故事诗、小说等。其中，故事诗的古代系起源于公元1130年至公元1160年，取材于史诗，主要是将古希腊罗马将领的事迹改写成法国骑士，从本质上而言是由史诗演变而来的产物②。不列颠系列则主要描述不列颠国王及其骑士的冒险精神，以《特利斯当与伊瑟》《布鲁特传奇》为代表作。

16世纪的法国文学以体现人文主义为主。法国的人文主义文学存在两种倾向，即民主倾向与贵族倾向，分别以拉伯雷和七星社为代表，此时期的代表作为《巨人传》。17世纪可谓古典主义文学时代，成就了拉辛、高

① 郑克鲁．法国文学史[M]．上海：上海外语教育出版社，2016.
② 郑克鲁．法国文学史[M]．上海：上海外语教育出版社，2016.

乃依、莫里哀等一批知名作家。18 世纪，法国文学被蒙上了强烈的政治色彩，文学与哲学相结合成为一种趋势。19 世纪是法国文学最活跃的时期，也是从古典主义、浪漫主义转向现代主义的关键时期，不同类别的文学交错并存，各种流派纷呈，使得当时的法国文坛绚丽多彩，现在众多耳熟能详的著作大多诞生于此时期①。

5.2.2.2 法国传统文化图书开发

法国文学在世界文学史中占据极为重要的地位，法国的文学作品也成为世界各地了解法国传统文化的重要渠道。

法国的宗教信仰是影响文学创作的重要因素之一。天主教是大部分法国人的宗教信仰，许多文学作者出生的家庭环境在无形中影响了他们的创作内容，如天主教作家弗朗索瓦·莫里亚克、乔治·贝尔纳诺斯、查理·贝玑等（见表 5－3）。弗朗索瓦·莫里亚克幼时丧父，他从小便在教会学校读书，终身信奉天主教，因此其创作的著作中往往带有天主教色彩，在《给麻风病人的吻》中，描述了女主诺埃米极为厌恶患麻风病的丈夫，却因为自己是个教徒而忍耐，恪守妻子的职责。乔治·贝尔纳诺斯的父母均信奉天主教，在他的作品《恶魔苍穹下》中，既揭示了撒旦“虚无”的本质，又揭示了它的无处不在。

表 5－3 法国文学及其蕴含的宗教文化

作者	作品名称	时间	内容
查理·贝玑	《贞德三部：多姆雷米、战争、鲁昂》	1897 年	塑造圣女贞德的形象，将其作为“天主的使者”
	《贞德善行的秘密》	1910 年	

① STUART HANNABUSS. A History of Modern French Literature: From the Sixteenth Century to the Twentieth Century[J]. Reference reviews,2018(2).

续表

作者	作品名称	时间	内容
弗朗索瓦·莫里亚克	《给麻风病人的吻》	1922 年	女主诺埃米厌恶患麻风病的丈夫，却因为自己是个教徒而忍耐，恪守妻子的职责
	《苔雷斯·德斯盖鲁》	1927 年	主人公不甘心自己的命运，妄图毒死丈夫，最后未得到丈夫原谅，在天主庇佑下找到了宁静
乔治·贝尔纳诺斯	《恶魔苍穹下》	1926 年	既揭示了撒旦“虚无”的本质，又揭示了它无处不在
	《一个乡村教士的日记》	1934 年	描述了一位乡村教士的一生经历

“浪漫主义”可谓是法国的代名词，在文学著作中更是不乏浪漫主义的身影。在法国文学发展的历史长河中，浪漫主义文学是其中的重要组成部分，早期的浪漫主义文学作家以夏多布里昂、斯塔尔夫人为代表，不同的是夏多布里昂的作品中呈现出偏向于没落贵族的思想情绪，如《阿达拉》《勒内》等；斯塔尔夫人作为资产阶级自由主义者，其作品更加倾向民主思想。自 20 世纪中期之后，法国的浪漫主义文学代表作家有大仲马、乔治·桑、缪塞及著名的文学大师雨果等，也正是在这一时期，雨果创作了著名的《巴黎圣母院》，将各种浪漫主义手法融为一体，通过叙述主人公的遭遇，展开光明与黑暗、善与恶、美与丑、人性与神性之间的较量。

骑士文化与法国文学结合后的产物即为骑士文学。骑士文学指的是一切有关骑士的文学作品，反映出骑士阶层的理想生活，包括骑士抒情诗、骑士故事诗、骑士传奇以及骑士小说等。骑士抒情诗是骑士文学最早的表现形式，产生于 12 世纪初，以赞美雅典的爱情为中心，这种形式数量惊人、种类繁多。骑士故事诗继骑士抒情诗产生，可以分为古代系、不列颠系及拜占庭系三大类别，其中以不列颠系为主，如《特利斯当与伊瑟》《布鲁特传奇》等。在 13 世纪，散文及印刷术的出现使得许多骑士诗被改写为骑士小说，随着历史的不断发展，描写决斗、魔法、奇遇的骑士小说在 14 世纪风靡一时。

法国建筑给人以雄伟高大之感，其规划设计被欧洲各国效仿，具有知名度的建筑包括埃菲尔铁塔、凡尔赛宫、巴黎圣母院等。而法国建筑与文学间的联系则更加的显性，许多文学作品的故事发生地就在这些建筑内，甚至还有部分著作直接以建筑的名称命名，比如雨果的《巴黎圣母院》、雷马克的《凯旋门》等。建筑与文学的最美辉映当属雨果的《巴黎圣母院》，这部小说中描绘最多的场地就是巴黎圣母院，其中反派人物克洛德就是巴黎圣母院的神父，他起初将女主爱斯米兰达掠夺到巴黎圣母院，而这个地方也是爱斯米兰达在身陷囹圄被救出之后的藏身之地。

香水、时装、葡萄酒作为法国的三大文化产业，与法国的出版业之间有着密不可分的联系，其更多的是促进了期刊的发展。与法国时装有关的期刊是《靓女信史》，这本期刊于1671年在法国巴黎出版，是世界上第一本介绍时装样式的期刊。有关葡萄酒的杂志有《葡萄酒评论》《吉尔伯特 & 盖拉德》《桦谢葡萄酒指南》等，这些杂志都已经创立多年，受到世界各国葡萄酒文化爱好者的喜爱。尽管法国名著并未专门歌颂香水、时装、葡萄酒文化，但显而易见的是，许多著作在描述重要场合、待人接物的场景时，都与这些文化紧密相连。

总之，法国文学作品在传统文化的基础上不断进步，并取得了世界级的造诣，它的成功经验值得各国效仿。

5.2.3 法国图书版权开发经验及借鉴意义

在文学发展的过程中，对传统文化版权的保护就显得至关重要。法国作为世界上注重著作权保护的国家之一，对于著作权的保护有着独到的见解，其现行的保护条款主要体现在《法国知识产权法典》中。然而，法国对于文学作品著作权的保护也经历了漫长的过程，也是在不断修改中逐渐完善的（见图5-5）。

法国最初对于文学作品著作权保护的法律条款规定在旧《法国刑法典》的第425条到第429条中。尽管这些法律规定在长期实践中发挥了重要作用，但已无法适应多样化侵权手段及传播技术新发展。随着问题的加剧，法国立法者们在1957年3月11日修改了旧《法国刑法典》，通过规范统一侵权行为的概念、加大侵害复制权惩治力度的方式强化对著作权的保

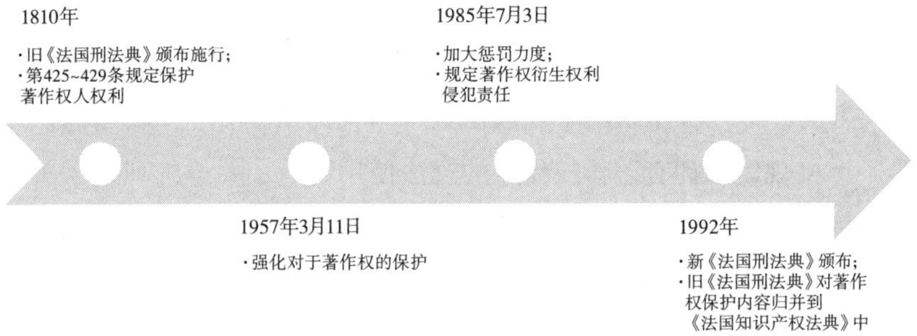

图5－5　法国著作权保护法的沿革

护。1985年7月3日，法律再次加大对于侵权者的惩罚力度，并规定侵犯著作权衍生权利也应当承担相应的刑事责任。1992年新《法国刑法典》颁布，与此同时，旧《法国刑法典》中对于著作权保护的内容归并至《法国知识产权法典》中。此后，法国不断对多部有关著作权保护的法律进行修改，依旧以加大处罚力度为修改重点。

《法国知识产权法典》对于著作权的保护主要有以下特点。第一，多样性与广泛性相结合。《法国知识产权法典》对著作权保护内容做出了明确规定，涉及的内容多样且广泛，文学作品保护种类繁多，包括著作、报纸文章、文选、新闻、期刊等。第二，普遍性与特殊性相结合。普遍性是指《法国知识产权法典》对所有作品一视同仁，给予被保护作品平等的保护；特殊性来源于作品的原创性，是对著作进行保护的前提条件。第三，稳定性与灵活性相结合。稳定性是指对于著作权保护的中心主旨持续不变，而灵活性则体现在《法国知识产权法典》依照时代变化所做出的改变，以便适应不同的时期。第四，警示性与惩罚性相结合。《法国知识产权法典》对于犯罪行为有警示作用，能够使公众从根源上杜绝犯罪思想；更重要的是对于犯罪行为的惩罚作用，使罪犯为自身的错误行为付出惨重的代价。

尽管法国高度重视著作权的保护，但是随着数字经济时代的来临，数字科技对作品的呈现、运用、传播方式产生了极大影响。与此同时，有关著作权的法律规定的适用性却遭遇了前所未有的困境，这无疑阻碍了其图书出版业的多元化发展。为走出这些困境，法国采取了大量措施，其成功经验为我国传统文化图书开发及其版权保护带来了启发。

在数字经济背景下，法国图书业的发展及其著作权保护面临以下困境。一方面，传统法律制度难以满足数字时代的新需要。《法国知识产权法典》严格规定了拥有著作权作品的合法使用情境，并详细列举了著作权限制的情形，在一定程度上对使用者形成了约束。但是，这一法则却无法灵活应对新环境下的法律问题，许多新型著作权问题不属于限制情形中的任何一种，数字图书的开发面临着侵权的风险，同时对图书产业发展造成了极大阻碍。另一方面，绝版作品在数字化后很难获取授权。法国对于文学作品版权的保护开始于作者出版作品时刻，结束至作者死后70年，即文学作品的保护期可以超过100年。但是依据图书市场的实际情况来看，仅有部分畅销书能够达到这样的标准，大部分的非畅销书通常在发行数月或者数年后就被下架，遭遇不再出版的命运。然而，绝版图书因为权利归属复杂、权利管理困难、整体规模大等原因难以获取正当的授权，从而无法被利用，难以实现自身应有的价值[①]。绝版图书的流失往往会造成社会资源的大量浪费。

对于以上问题，法国采取以下策略来应对。第一，完善著作权法典，适应数字经济环境。2016年，法国在《数字共和国法》中创设了一系列新的著作权限制情形，严格规范了文学作品可利用的类型、文学作品数字化利用的目的、性质，以此打开法国著作权法典面向数字经济时代的大门，为数字化利用文学作品扫清了障碍。2019年欧盟议会通过《数字化单一市场版权指令》后，法国于2020年发起"文本和数据挖掘计划"，旨在将这一指令有关文本、数据挖掘的著作权限制规定引入国内法典。第二，实施集体管理制度，充分利用数字化绝版作品。为了解决绝版文学作品无法充分利用的问题，法国持续探索版权交易机制，提出了以集体管理制度为核心的解决方案，规定这一制度适用的书籍并建立相应的图书数据库。这一方案不仅化解了绝版图书面临的困境，而且满足了数字经济时代公众丰富的文化需求。第三，运用数字技术出版电子图书。法国充分认识到数字技

① 何蓉．数字环境下法国书业发展的著作权制度困境与对策[J]．编辑之友，2021(8)．

术的重要性，各大出版社正逐渐把原有的纸质图书改为电子版，从而方便读者的查阅，这无疑对保护法国传统文化有着重大的战略意义。

法国文学发展史及其版权的开发保护，给我国未来版权开发发展带来如下启示。首先，预先研判，维持新时代出版业的发展。图书产业的发展过程虽然复杂，但是依旧存在着自身的发展规律，准确把握这些规律才能够赢得先机。图书出版业的工作人员应以调研为基础，结合自身专长做出贡献；出版商则需要及时总结经验及教训，吸收、借鉴行业成功案例，起到引领作用①。其次，统筹安排，促进传统文化的传播。图书出版业可以整合现存的多层面出版项目，孵化打造更多具有影响力、传播力的优势内容，定期评估对外推广的平台和渠道，提高对外传播的效能，并且突出人员交流的重要性，为出版业的专业人员提供更多对外交往、积累实战经验的机会，从而培养专业硬、多层次、经验丰富的队伍。最后，要不断完善版权制度。版权制度往往适用于不同的时代背景、特定的技术，在时过境迁之后，相应的法律法规应当及时地更新以应对新的环境，这是法律制度存在的意义。因此，我国应当以弘扬传统文化、提高国家文化实力、保障公民合法权益为立足点，结合现实情况制定与时俱进的版权制度。

5.3 美国模式

在个人英雄主义等文化的影响下，美国创作出系列举世瞩目的影片，并带动了文化创意产业的发展。尽管我国的电影产业近年来也取得了重要进展，但是相比美国仍有差距，因此，中国应当吸取美国电影产业的成功经验，在数字经济背景下不断创新完善，形成自己的一套独特发展模式。

5.3.1 美国传统文化

美国的发展历史并不悠久，其传统文化更多体现在精神层面，但是在发展历程中，美国不断地吸收借鉴各种外来传统文化，形成了自身独特的文化，同样以隐性、显性两种形式呈现：隐性文化包括基督教的宗教信仰、英雄主义、个人主义等；显性文化主要指的是建筑、芭比娃娃等蕴含

① 王珺．法国出版政策调整对行业的影响及启示[J]．出版参考,2019(8)．

着美国特色价值观的实体文化（见图5－6）。

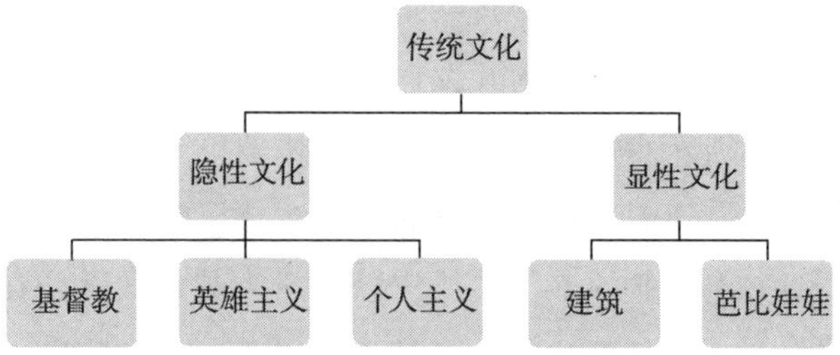

图5－6 美国主要传统文化

5.3.1.1 基督教文化

基督教文化是美国传统文化中的重要元素。基督教文化对美国的社会、政治、经济有着全方位的影响。从社会角度而言，美国随处可见的建筑就是教堂，许多外来者因为相同的信仰能够快速融入其中；从政治角度而言，包括美国重视的核心价值观等都以宗教信仰为基础；从经济生活角度而言，新教倡导“财富无善恶、时间无价、敬业精神”的积极态度①。基督教文化的作用虽并非像美国影视剧中那么直接，但却几乎渗透生活中的每个角落。

5.3.1.2 英雄主义

英雄主义对美国人的性格和价值观有着根深蒂固的影响。英雄主义的内涵是勇气、信心和冒险，源自美国公众对人文理念、生存环境、未知世界的担忧和畏惧。正是在这种心理作用下，公众期待拥有高品质、超能力的英雄出现，从而在最危险的时刻拯救他们。当一个人拥有英雄主义的思想时，就代表着他不甘平庸、不愿落后，有勇气和决心与困难对抗。美国的英雄主义可以分为个人英雄主义及英雄主义。个人英雄主义指的是主人公相信依靠自己的英勇顽强就能达到目的、完成任务的精神，更加强调突出个性，夸大个人在历史事件、社会活动中的作用，否定群众的智慧和力量；英雄主义则夸大群众的力量与智慧，指的是依靠集体力量去完成某项

① 韩玫．论基督教对美国的影响[J]．山东行政学院学报，2016(3)．

任务的思想，强调信赖群众、依靠群众，是以群众为基础的英雄主义[①]。

5.3.1.3 个人主义

在美国的传统文化中，对个人主义的追求是从未停歇的。个人主义文化的内涵包括以下三个方面。首先，将个人放在首位。个人主义强调个人对集体、社会乃至整个国家的重要性，认为在实现个人价值时，可以利用集体、社会、国家的利益。其次，强调民主、自由、平等。民主、自由体现在任何力量都无权控制个人的权利，平等则更多地体现在尊重他人中。最后，不允许个人的私有财产受到侵害。美国实施的是资产阶级私有制，强调禁止任何力量侵犯个人的私有财产[②]。个人主义在美国形成了独特的价值观，从政治、经济、文化等方面给美国带来巨大影响，无形中改变着美国人的生活模式、思维方式。从某种角度而言，个人主义价值观已经成为美国的基本指导思想，在美国的价值观念中处于核心地位。

5.3.1.4 建筑文化

建筑文化所体现的人文精神能够贯穿一个国家的历史，是一种经过历史沉淀之后的文化。美国建筑注重细节、外观简约大方、拥有古典情怀，通常将多种风情融为一体。自殖民地时期发展至今，不同时期的美国建筑都反映出特有的建筑风格和精神向度（见图5－7）。众所周知，美国是一个移民大国，所以其建筑风格多样，呈现出丰富多彩的多元化倾向。在经过200多年的延伸发展后，美国建筑文化已经形成了一个多价值文化，是融合世界各国建筑精华与创新、自由、活泼等美国精神及文化特质的统一体。

---

① 顾小倩．从好莱坞电影看美国文化的传播[J]．现代交际，2018(3)．

② 孙文操．《当幸福来敲门》中的美国个人主义解读[J]．电影文学，2015(22)．

图5－7　美国建筑文化发展历程①

5.3.1.5　芭比娃娃文化

芭比娃娃作为一种独特的文化符号，是美国文化的一个重要表现之一。芭比娃娃诞生于1959年，是美国发明的一款时尚玩具，呈现的是容貌姣好、体型完美、青春亮丽的女孩形象。这种玩具的发明旨在让所有女孩子意识到她们拥有与男性相同的选择权，并且可以通过自己的努力成为自己梦想中的样子。随着社会的进步，芭比娃娃的外貌、发型、肤色、服装乃至种族都经历了各种变化，但是其中蕴含的青春靓丽、积极向上的形象却始终未变。作为文化的载体，芭比娃娃反映出美国社会的价值观及许多文化特征，包括个人主义价值观、美国人的自我认知、美国消费主义的意识形态等。

5.3.2　美国传统文化与电影开发

作为电影行业的佼佼者，美国电影的拍摄手法、电影开发运营模式、传统文化表现形式、创新思维对于中国而言都具有借鉴意义。

5.3.2.1　美国电影产业

美国的电影业自1893年发展至今经历了无数次蜕变（见图5－8）。美国电影业起始于无声电影，1893年爱迪生创建的“囚车”摄影场被看作美国电影产业的开端，但由于当时的技术不够成熟，电影都是以无声的形式

① 陈志华．外国建筑史［M］．北京：中国建筑工业出版社，2004．

呈现的，所以这一时期也被称作“默片时代”；以 1926 年为节点，华纳兄弟出品的《唐璜》作为第一部有声电影深受观众喜爱，自此许多公司开始了对有声电影的探索，至 1930 年，仅有部分卓别林拍摄的无声影片，其他均为有声影片。在 20 世纪 20—40 年代，好莱坞成为世界电影中心，控制了世界电影市场的 60% ~90% 的份额，打造并发展多种类型片。二战期间，电影与战争形成了互利局面，一方面，好莱坞生产娱乐性质的影片提高士气，使人们能够短暂逃离残酷的战争；另一方面，战争维持了好莱坞的健康发展，保证了电影产业的利润率。二战后，好莱坞影片由于反垄断法、观众群变化、竞争强等原因开始衰落，新好莱坞时期①来临。70 年代后，美国的经济步入高速稳定发展时期，好莱坞开始走上转型之路。到了 80 年代，好莱坞与有线电视、广播电视、主题公园、音乐等多种类文化行业产生交集，打造全新系列影片。如今，美国电影产业体系已经非常成熟，形成了囊括制片周期、剧本创作方式、成本控制在内的生产“套路”，并持续大踏步向前发展。

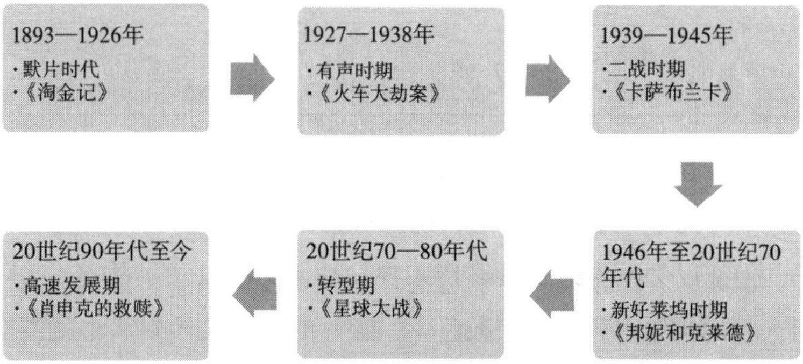

图 5－8 美国电影产业发展历程②

5.3.2.2 美国传统文化电影开发

电影作为传统文化的特殊产品，承载和展现着一个国家的文化特色、

① 新好莱坞时期在狭义上指的是 20 世纪 60 年代末至 70 年代末，是好莱坞在旧体制瓦解之后的变革转型阶段。从广义上而言其包括 80 年代以来全球化背景下，好莱坞在跨国媒体集团的支持下对电影资本和产业重组，从而走向多元化的新时期。

② 陈志华. 外国建筑史[M]. 北京：中国建筑工业出版社，2004.

意识形态以及形象。美国电影产业在宗教信仰、价值观以及实物形态的文化支撑下，伴随时代发展不断进步，取得了如今举世瞩目的成就，打造了科幻、冒险、动作等多题材的系列电影（见表5－4）。

表5－4　美国电影及其蕴含文化

传统文化	电影名称	类型	上映年份	导演
基督教文化	《驱魔人》	惊悚	1971	威廉·弗莱德金
	《阿甘正传》	剧情、励志	1994	罗伯特·泽米吉斯
个人英雄主义	《美国队长》	动作、科幻	1991	阿尔伯特·派恩
	《钢铁侠》	动作、科幻	2008	乔恩·费儒
英雄主义	《复仇者联盟》	动作、科幻	2012	乔斯·韦登
	《银河护卫队》	冒险、科幻	2014	詹姆斯·古恩
个人主义	《肖申克的救赎》	剧情	1994	弗兰克·德拉邦特
	《当幸福来敲门》	剧情、家庭	2006	加布里尔·穆奇诺
建筑文化	《独立日》	动作	1996	罗兰·艾默里奇
	《后天》	科幻、灾难	2004	罗兰·艾默里奇
芭比娃娃文化	《芭比与胡桃夹子的梦幻之旅》	奇幻、冒险	2001	欧文·何利
	《芭比之长发公主》	奇幻、浪漫	2002	欧文·何利

体现基督教文化的美国电影数不胜数。比如恐怖电影《驱魔人》讲述的是恶灵附身到了一个女孩身上，她的母亲为了治疗自己的女儿尝试了各种方法，但都以失败告终，最终请来神父举行驱魔仪式的故事。《阿甘正传》对人物的描绘也充满了宗教色彩，影片的女主角珍妮从小就遭受父亲虐待，非常渴望逃离父亲的束缚，影片中小时候的珍妮带着阿甘为逃脱父亲在玉米地中狂奔，在奔跑的过程中不断向上帝祈祷，因为在她看来上帝是万能的，能够带她去任何想去的地方，这也是后来珍妮长大后不断逃避、拒绝阿甘追求的原因。

体现英雄主义的美国电影以漫威系列为主。漫威英雄在完成任务、拯救世界时既有单枪匹马的时刻，也有联合起来对付敌人的时刻，他们通常胆识过人、充满智慧，无论处境多么艰难都能战胜敌人，转危为安。而这类英雄主义影片一直深受美国市场乃至世界市场的喜爱，比如《雷神》

《美国队长》《钢铁侠》《黑寡妇》等，每个英雄都有自己的特色，拯救人们于水火之中。在影片《美国队长》中，斯蒂夫·罗杰斯起初被多人嘲笑，在成功变身拥有强大力量后，凭借内心信念的支撑，持续与邪恶作斗争，将保卫国家、人民作为己任，开创了属于自己的时代，充分体现了个人英雄主义。而《复仇者联盟》则将这些个人英雄集聚在一起，体现了集体团结的力量，是英雄主义的体现。

作为美国的主流价值观，个人主义是好莱坞电影中反复出现的主题。比如，电影《肖申克的救赎》，这部影片对多层次、复杂的个人主义价值观进行描述，主要讲述的是“希望战胜绝望、自由冲破监禁”的故事，影片的导演旨在向观众展示人性的伟大与坚强，寻求观众对于美好事物的认同感。又如，电影《当幸福来敲门》，描写了主人公克里斯积极向上、奋发拼搏，以此彰显美国的个人主义价值观。虽然克里斯家中十分贫困，但这并不意味着他的未来就是黑暗的，他在面对工作、生活中的诸多不顺时依旧保持良好的心态，并在最后取得了成功，这恰恰是个人主义价值观的体现。

在美国电影中，随处可见充满美国色彩的建筑，最让人印象深刻的当数灾难片中对美国建筑的描绘。其中，帝国大厦、自由女神像作为人类文明的象征被多次摧毁，赋予了建筑独特的文化色彩。如在影片《独立日》中，来自外星球的飞船进入地球轨道，对美国建筑进行大面积摧毁，更是投放炸弹摧毁了帝国大厦，给人们带来了恐慌；影片《后天》讲述的是在温室效应下地球气候发生异变，全球即将进入冰河世纪，在超强寒流袭击纽约的时候，帝国大厦在一瞬间被冰封，给人以强烈的视觉冲击。

芭比娃娃系列电影一经上映便受到广大群众的喜爱。作为芭比系列的处女座，《芭比与胡桃夹子的梦幻之旅》一改芭比娃娃静止不动的样子，赋予了芭比娃娃灵魂，描述了嘉娜凭借自身的勇敢、善良、机智拯救了王国，对女孩而言有极强的教育意义，启发女孩在现实生活中虽有许多看起来不可思议的事情，但只要坚持，保持正义、勇敢，就能够将“不可能”变为“可能”。随后的影片《芭比娃娃之长发公主》则是讲述长发公主丽宝莎向往爱情和自由，却被女巫囚禁在高塔上，几经波折后凭借自身的机智、勇敢化险为夷的故事。在此之后，芭比系列电影一路向好，诞生了许多名作，如今芭比娃娃正在计划拍摄真人系列电影，其未来发展也值得期待。

除以上文化外，美国文化还以多种多样的形式存在于公众的生活中，不论是热狗、可口可乐等饮食特色，还是棒球比赛、迪士尼主题乐园，都能让人立刻联想到美国。

5.3.3 美国电影版权开发经验及借鉴意义

美国电影产业辉煌发展的两个重要因素为“再开发”“版权保护”，这对于我国电影产业发展具有极高的借鉴意义。

一方面，在数字技术的支持下，美国的电影作品得以再度开发，与多种产业融合形成系列衍生品，这不仅为原作品获取了先进技术、雄厚资金支持，还为美国的文化产业带来了大量副收入，将电影作品的价值体现得淋漓尽致。

第一，与网络、电视媒体相结合。随着数字技术的进步，公众观看电影的形式也更加多元化，同一部电影能够在不同的媒体间来回转换。除了在电影院观看电影外，公众还可以在手机、数字高清电视以及其他终端设备上观看，这加强了电影、电视、互联网之间的联系，为电影的后产品的开发开辟了新途径。与电影相比，网络和电视媒体的制作成本较低、受众对于角色的接受度较高，并且可以在电影上映前维持公众对于电影的关注度。以漫威电影为例，电影中出现的小角色中在电视剧中可能会变成主人公，并且电视剧的剧情会填补电影中的时间空缺，进一步丰富电影的细节。《神盾局特工》是漫威系列影片的首部衍生电视剧，它交代了电影的故事背景，与电影中每一位英雄人物的诞生、聚集之间的联系密切。

第二，与知名品牌相结合。美国电影一方面关注票房的收益，一方面围绕电影角色打造周边以获取额外收益，通常情况下，美国知名影视作品会与知名品牌合作，强强联手打造热门产品。漫威系列影视作品与迪士尼合作创造英雄玩偶，与周大福合作推出英雄手链，与优衣库合作创作联名T恤，与安踏品牌合作打造联名鞋，与名创优品合作推出背包、拖鞋、水杯等生活用品。尽管电影作品会同时和多种品牌合作创作许多产品，但是并未过度滥用 IP，这些产品的品控良好，并且制作精良，能够在一定程度上加强与电影间的互动，能够增强电影作品的影响力，让消费者沉浸在电影氛围中，充分发挥了粉丝效用。

第三，与主题公园相结合。主题公园通常具有自身的特色，以营利为目的、规模较大，能够有偿地为旅客提供文化娱乐产品、休闲体验等。这类主题乐园以门票、商品、住宿费、餐饮费为收入来源，其中门票的盈利收入仅达到了 20%～30%，这意味着更多的收入来自餐饮住宿和娱乐消费。提到美国的主题乐园，自然能够想到的就是迪士尼乐园，其通常依靠销售特色纪念品来收获高额利润，起初纪念品以可爱为主风格，但在迪士尼收购漫威后，纪念品中又增添了漫威系列，这种合作不仅为迪士尼吸引了大量的男性游客，而且有利于漫威系列的打造。

除了上述方式外，美国影视作品还与游戏产业、数码产业、主题体验馆相联系，打造联名游戏、联名数码设备、电影角色演艺环节等，这些合作为电影作品带来了后续收入，并反过来推动了相应电影作品的持续性发展。

另一方面，美国电影之所以能够取得如今举世瞩目的成就，除了美国特色文化的支撑外，还因其将版权保护作为电影产业的核心。电影产业的健康发展需要以秩序井然的市场为基础，如果缺失恰当的版权制度及良好的市场环境，“搭便车”的现象就会频繁发生。美国作为电影制片大国，对于电影版权的保护力度随着电影侵权现象的发生率而“水涨船高”，在数字经济时代，美国运用数字防盗技术营造版权保护氛围，通过立法行政手段来应对数字技术对电影版权保护的冲击。

首先，运用数字技术抑制盗版电影。随着数字科技的发展，非法获取版权的手段越发便利，网络侵权、非法剪辑行为频繁发生，为应对此类型问题，美国运用数字技术来应对侵权行为，如今美国对于电影版权保护的技术依旧以 DCI 为主流，通常将其应用于影片的放映阶段，采用不可见的数字水印技术、日志管理技术以及 AES 256 图像加密技术来加持，从而实现对电影的版权保护①。

其次，制定相应的版权保护法律政策。美国在按照国际公约规定解决电影发展中的问题时，不断积累经验，制定了属于自己的、最完善的版权法来促进电影产业的进步，并倡导制定国际条约，运用一系列的外交手段进一步支持本国电影走向全世界。尽管与电影相关的法律众多，但是美国版权法对电影业的发展影响最大，主要体现在以下四点。第一，版权法对受法律保护的电影作品做出规定。电影在1790年首部版权法制定的时候还未产生，自1912年美国版权法修正案开始被纳入受保护的客体。第二，版权法持续加大对电影作品的保护力度。自首部版权法制定至今，美国一直在不断对其做出修改，以适应新时期、新技术带来的新挑战，正是激励机制和高水平的版权保护激发了原创者创作的动力，促使电影作品的质量、数量均迅速提升。第三，版权法明确了电影作品的权利人。因为一部电影背后蕴藏着多人的努力，其版权归属问题一直是急需重视的问题，版权法依据一元理论、二元理论为版权人明确设定了路径，这给美国的电影产业乃至文化产业都带来了深刻影响。第四，参与国际公约，助推美国电影的对外传播。美国加入了《跨太平洋伙伴关系协定》《与贸易有关的知识产权协定》等国际公约，并在版权保护对象中强调电影作品，这为美国电影走向国外奠定了坚实基础②。

最后，采取行政手段支持电影产权的保护。美国政府在鼓励各州出资赞助文化产业、加强电影版权保护时，通常采取政策引导的方式，比如，联邦政府会要求电影生产商按照要求记录订单及用户的详细情况；统一向合法电影厂家、影碟进出口商颁发执照；规定影片生产者必须标记生产厂家并给作品安装防伪标记；刑事制裁违反规定的电影厂商并吊销其营业执照；给予执法部门随时抽查的权力等。

参照美国电影产业的发展，我国电影产业之所以落后，部分原因在于电影后产品开发力度不够、对版权的保护力度不足、对于电影作品的再开

---

① 刘媛，牛小明．从NABSHOW2019看电影数字技术发展的最新趋势［J］．中国高新区，2019(7):26.

② 何荣华，石超．版权视域下美国电影的成功经验及中国借鉴［J］．学术论坛，2016(10).

发不完善、国际电影业相关规定的参与度不足等。因此，我国应当借鉴美国电影产业的发展思维，采取系列措施促进电影作品的创作创新。

第一，注重电影的后产品开发。要对电影进行后产品开发，首先需要创作出具备开发条件的电影作品，以美国的发展经验来看，动画、魔幻、科幻类型的影片相对而言较容易开发，因此我国可以加强对于这些类型电影的创作，为后续的开发进行铺垫。此外，电影后产品的开发并不一定非要在电影上映后才开始，前瞻性的规划才能获得高额利润，但是中国的制片公司并不参与后产品的开发，后产品的营销企业也不参与电影的创作，整个产业链状态松散，许多合作脱节问题明显。因此，我国的电影产业还应当推动能够兼顾电影全产业链大型传媒集团的创建。

第二，培养电影产业的专业人才。我国当前对于电影产业人才的培养停留在数量的增加上，对于质量的把控力度稍显不足，导致人力资源较难满足电影产业的发展需求。在面对电影行业专业人才的培养时，我国应当兼顾数量与质量，减少电影专业人才供不应求的现象，避免急功近利导致大量非专业人员进入电影行业，降低电影作品创作效率事件的发生。对此，政府应该行使自身的权力，制定系列政策缓解这类困境，比如，设立相应的资金支持高等院校对电影专业人才的培养，督促其设立严格的考评机制，从而推动电影产业发展的持续性。

第三，完善电影产业保护的法律体系。与美国较完善的版权保护制度相比，我国的著作权法尚不成熟，对电影的版权保护依旧有所欠缺。尽管我国的著作权中明确规定了对电影作品的保护，但是其中存在着很多争议。首先，我国应当加大对于传统文化元素的保护力度，有效保护电影作品的素材。近年来，我国许多民间文学艺术一直被其他国家抢先制作为电影，如《功夫熊猫》《花木兰》等，甚至取得了不错的反响。其次，在电影作品的所有者问题中，制片人是我国现行著作权中规定的版权所有者。但是一部电影凝聚的是多人的心血与汗水，将电影版权一刀切为制片人所有，极大地打击了电影工作人员的积极性，应当采取参与者协商的制度决定电影版权的归属。最后，中国应当补齐现行著作权中的短板，严格规范上映影片的质量，并放宽电影税收优惠的范围，从而促进我国电影产业的健康发展。

第四，严厉打击侵权行为，寻求国际保护。随着互联网和数字技术的快速发展，侵权盗版行为也变得更加隐蔽和多样，已经成为我国电影产业的一颗毒瘤。尤其是在我国当前的法律体系中，侵犯知识产权的成本非常低，对于盗版行为的打击力度低，严重地阻碍了电影产业的发展。因此，我国应当加大惩戒力度，让侵权者产生敬畏之心，并对公众进行版权教育，形成付费观看电影的氛围。此外，我国应当效仿美国参与国际规则，并积极表明自己的立场，为中国的电影产业寻求国际保护。

6 数字经济背景下传统文化版权开发产业化策略分析

传统文化版权开发要遵循产业发展规律，一般经历起步、发展到规模化、产业化成型的阶段。版权开发的过程既是创新、创造、创意的过程，也是对传统文化资源整合的过程。

6.1 基于文化资源和经济社会发展禀赋的版权开发起步阶段策略选择

文化资源与现代工业文明完美结合是产业化过程中最理想的状态，但传统文化资源并非都适合版权开发，且产业化受到各种因素影响，是一个复杂的演化过程。

6.1.1 基于禀赋的开发策略模型

产业化开发要以需求作为基础，没有需求就没有产业。传统文化要满足人们的精神文化需求，版权开发的过程既是传统文化资源产业化的过程，也是传统文化面向大众、满足人们需要的过程。版权开发的起点有两个：一是以高知名度、高价值传统文化资源为起点，围绕资源做文章，因为“酒香”，所以重点解决“巷子深”的问题；二是依托所在地域的产业基础“搭便车”，根据需求找开发对象，用需求促进传统文化产业发展。据此，通过构建“传统文化产业版权开发策略选择偏好”模型（见表6－1），阐述基于禀赋的传统文化产业版权开发起步阶段的策略选择。传统文化具有显著的区域性特征，以下从区域视角进行诠释。

表 6－1　传统文化产业版权开发策略选择偏好

产业需求	传统文化资源禀赋	
	强	弱
强	市场化发展 政策保障	需求引领 政策支撑
弱	产业创新引领 政策支撑	保护性政策

传统文化资源禀赋强和弱，主要从资源的特色化程度、资源质量、资源可版权开发程度等方面衡量。产业需求强和弱，主要从区域经济社会发展对传统文化版权开发的需求强度衡量。

6.1.2　数字经济背景下传统文化版权开发的策略选择

6.1.2.1　传统文化资源禀赋强，产业需求强

中国幅员辽阔，文化资源丰富，地域传统文化资源往往源自地方风土人情的孕育。一般传统文化资源包括山水文化、政治文化、建设文化、红色文化、民族风情文化等。一般情况下，传统文化禀赋越强，可开发性越好，产业基础也较好。产业需求强主要表现在传统文化资源的版权开发对进一步做大做强基础产业的促进作用上，两者的发展能起到很好的相互促进和相互推动作用。在此类情形中，数字经济对传统文化产业的版权开发起到重要的促进作用，或是利用数字技术有力提升产业研发水平，或是利用数字资源为产品销售助力。在文化资源和产业需求双强的情况下，传统文化资源的版权开发是水到渠成之举，也是自然而然的市场行为，政府只需要制定和维护好市场规则。

现实生活最常见的此类情况是旅游演艺。2000 年以后，随着国民收入水平不断提高和国内旅游产业的快速发展，文化旅游逐渐成为旅游业的新热点。例如，《印象·刘三姐》《宋城千古情》等依托热门旅游景点发展起来的山水实景演出项目快速发展，至今已经发展出实景演出、主题公园式演出、脱离景区的剧场演出等多种形式，旅游看演出已经成为流行的休闲方式。这些旅游演艺品牌的发展壮大主要依赖当地丰富的传统文化资源和对文化旅游项目的强烈需求，旅游演艺通过对自然与人文景观的展现、对

历史文化事件的演绎、对原生态民族风情的呈现极大地提升了旅游体验，丰富了旅游的厚重体会，更深远的是形成游客与旅游目的地的共情，塑造了地方的正面形象，提升了游客的消费意愿，对“故地重游”愿望塑造起到关键作用。

2009 年 8 月，文化部和国家旅游局联合印发《关于促进文化与旅游结合发展的指导意见》，明确提出鼓励运用高新科学技术，创新演出形式，提高节目创意，突出地域特色和文化特色，打造高品质的旅游演艺产品。在官方层面明确对文化旅游的支持，为旅游演艺产业引入数字技术注入新动力。《印象・刘三姐》的导演阵容豪华，囊括了张艺谋、王潮歌、樊跃、梅帅元等顶尖艺术家，该作品将刘三姐文化与广西民族风情以及秀美迷人的漓江山水有机整合，借助现代化的数字声光电技术，真实再现了传统文化中人与自然共生、共鸣、共育的人文精神，成为国内传统文化产业版权开发中旅游演艺的典范作品。产品的成功体现了产业需求和资源禀赋对版权产业发展具有至关重要的作用。

《印象・刘三姐》成功的原因主要有四点。一是与桂林山水旅游胜地的深厚底蕴密不可分。桂林本地的自然风光、人文特色和民族文化一直以来在国内外享有盛誉，游客来到广西，走近桂林，主要目的就是感受山水风光，领略异地文化，体验不一样的民族风情。广西作为少数民族自治区，“三里不同俗”的现象尤为明显，这种丰富的传统文化资源在展现强大旅游吸引力的同时，也为相关产业创新发展积累了宝贵的人流资源。旅游演艺是基于地域差异，以满足游客异域文化体验为主要目的的旅游和文化融合产品。《印象・刘三姐》牢牢把握住了桂林传统文化脉络和游客需求，与山水旅游紧密结合在一起，利用民族性、原生态人文情怀的展示，补上了文化体验这块拼图。二是数字经济助力产品创新。创新是文化内容产业生存和发展的灵魂，地方传统文化资源版权开发的过程就是对文化元素进行创意化构思重构的过程。旅游演艺和其他的演艺节目一样，离不开数字技术的支持。在山水实景舞台的搭建、导演创意实现、演员演出等节目制作呈现的过程中，先进的数字技术起到了至关重要的作用。在节目宣发和产品销售过程中，通过互联网渠道使节目广为人知。正是因为《印象·刘三姐》的成功，才有了张艺谋“印象系列”、王潮歌“又见系列”等旅游演艺的成功。三是产业开发立足当地。人才是产业发展的关键，《印象·刘三姐》的创作源于桂林当地，要想对传统文化资源深入挖掘和进一步版权开发，使旅游演艺与旅游经济融为一体，做好文化传承与保护人才培育是根本。《印象·刘三姐》演出中再现了不少被当地人忽略或近乎失传的传统文化，这些内容经过当地演员的演出，事实上实现了传承与创新。本地演员通过演出工作不仅获得了报酬，而且用亲身体验加深了地域归属感和自豪感，自然成为传统文化资源的传承者与坚定的保护者。四是版权保护制度护航。旅游演出和影视作品一样，依靠独特的创意获得竞争优势，从而产生经济价值，取得产品收益。随着中国对外开放的不断深化，版权制度对文化创意产业保护作用日益彰显。版权保护不仅保护外国进口创意产品，更注重对本国创意产业的保护。版权保护下传统文化版权开发的繁荣发展，让从业者看到浓厚的传统文化底蕴能够转化为现代化的版权产业资源，借助数字经济手段，将对地区经济发展起到重要的推动作用。

6.1.2.2 传统文化资源禀赋强，产业需求弱

中华文化源远流长，在发展过程中呈现了显著的地域特征，例如，曲艺在京津一带、戏曲在全国各地的种类区分等。有些地方传统文化资源禀赋很好，但随着时代发展，产业需求呈现强弱起伏的时代特征，对于呈现出禀赋好、需求弱特征的地域，就应该选择产业创新引领、政策大力支持支撑产业发展的策略。在现实生活中最常见的此类情形是北京市的相声艺术。

相声是中华民族深厚文化土壤中孕育出的一门独具特色的曲艺，距今已有百年历史，对相声艺术传承传播作用最大的现代传播媒介是中央电视台的《春节联欢晚会》。通过春晚舞台，侯宝林、马季等艺术大师成为家喻户晓的明星。总体而言，相声经历了辉煌期后，在21世纪开始步入低迷阶段，甚至在春晚以外难觅踪影。直到2005年，郭德纲带领的德云社开始在大江南北走红。2006年相声作为传统曲艺的代表被北京市列为首批非物质文化遗产，2008年成为第二批全国非物质文化遗产。这门底蕴深厚，但

曾经面临生存危机的传统文化艺术焕发出新的活力，其中数字经济功不可没。

互联网时代数字经济成为信息产业的主要经济形态，相声作为电影的演艺产品，网络粉丝是其核心受众中的最关键部分，粉丝与艺人俨然成为情感与利益的共同体。艺人是粉丝休闲生活中的精神领袖，粉丝是艺人的衣食父母，可以说，没有数字经济就没有相声事业的再辉煌再流行。回顾以德云社为代表的相声事业再流行的发展历程，数字经济对其传承发展的作用功不可没，它的成功可谓是传统文化版权开发的典范。首先，数字经济下的粉丝成为相声艺术传承传播的重要力量。相声作为非物质文化遗产和传统文化形态，只有得到广泛认可才能实现真正的传承与发展。相声艺术具有很强的包容性，在“说学逗唱”中综合了中国戏剧、民俗、舞台表演、语言等传统文化内容，郭德纲和其团队成员通过对传统相声段子和现代新创作的演艺，不经意间让观众加深了对传统文化的了解，领略了其中的魅力。甚至有不少“粉丝”表示，德云社相声的魅力超过了网剧，“一入德云长路、一世传统不负”一时间成为粉丝群体的共同心声。其次，数字经济与“粉丝文化”的互动培育出产业需求热点。德云社对传统文化的传播不仅引起粉丝追捧，也引起官方机构的关注。例如，在2019年自然和文化遗产日期间，蓝色认证账号“微博人文”“中国文博”等平台发起了“非遗在身边”的活动，德云社张云雷等当红小生应邀参加，他们通过短视频、图文等方式表演了评剧、京韵大鼓、评书、相声等非物质文化遗产项目，一时掀起了非遗传播的热潮，为非遗项目广泛传播奠定了基础，客观上促进了传统文化版权开发事业的发展。最后，数字经济推动了相声艺术生产和产业需求的良性互动。有学者指出，生产性保护是非物质文化遗产传承和保护的重要方式之一，主要是通过非物质文化遗产商品化来促使消费者发生购买行为，在使用产品过程中构建文化认同，对产业产生需求，形成产品开发、市场需求、产业发展的良性循环，从而实现传统文化资源的开发与传承。[①] 在市场经济条件下，市场是调节资源配置的关键，

---

① 王文章．非物质文化遗产概论[M]．北京：文化艺术出版社，2016.

虽然对于传统文化常按特例对待，但市场化的手段还是最优的保护与传承方式。德云社拥有庞大的“粉丝”团，名角担纲的演出经常出现开票立即售罄的情形。数字经济带来了“粉丝”效应，“粉丝”效应活跃了文化市场，激发了对传统文化版权开发的市场需求。

6.1.2.3 传统文化资源禀赋弱，产业需求强

此类情形大多发生在后起之秀的经济发达地区，其常住人口的经济收入和文化素质提升很快，短时间内对传统文化版权开发出的文化产品产生较大需求。此类情形需靠需求引领，政策支持。

深圳是中国改革开放的最前沿阵地，具有独特的地缘优势和国家给予的先行先试政策优势，近些年来其经济飞速发展，无论是经济总量还是人均国民收入都位居全国城市前列。目前，中国经济正由投资驱动的粗放型向创新驱动的集约型发展方式转变，深圳利用经济社会发展中集聚的经济基础、社会治理优势、产业网络、人才资源、市场需求等优势条件，提出“文化立市”口号，重点发展文化产业。目前，深圳的文化产业票据规模呈现出集群效应。

产业需求旺盛是深圳模式的显著优势，强大的版权产品需求为产业发展提供了原始动力，利用波特钻石模型对深圳模式能否发展其产业脉络进行分析。钻石模型指出，文化产业集群形成主要取决于四个内在要素和两大外部条件。四个内在要素分别是资源要素，需求条件，相关产业和支持产业的表现以及企业战略、结构、竞争对手的表现；两个外部条件是政府支持和机遇。资源要素方面，深圳经济实力雄厚，以此为基础积累出较为突出的人力、自然、知识、资本资源优势，基础设施在全国也处于领先位置。需求条件方面，随着人均收入的不断提高，人们对精神产品的需求愿望越发强烈。从相关产业和支持产业的表现上看，文化商品生产性服务业完备，短板是创意人才需要聚集。从企业战略、结构、竞争对手表现上看，企业综合素质潜力在全国位居前列，国内文化产业处于起步阶段，鲜有强大竞争对手。政府层面，对发展文化产业决心坚定且支持力度大，1999年深圳提出“文化立市”口号，2000年提出打造“设计之都”，2005年明确

文化产业为第四支柱产业。机遇方面，不仅本地消费者需求旺盛，国家层面也对文化产业发展非常重视。深圳市传统文化版权开发钻石模型如图6－1所示。

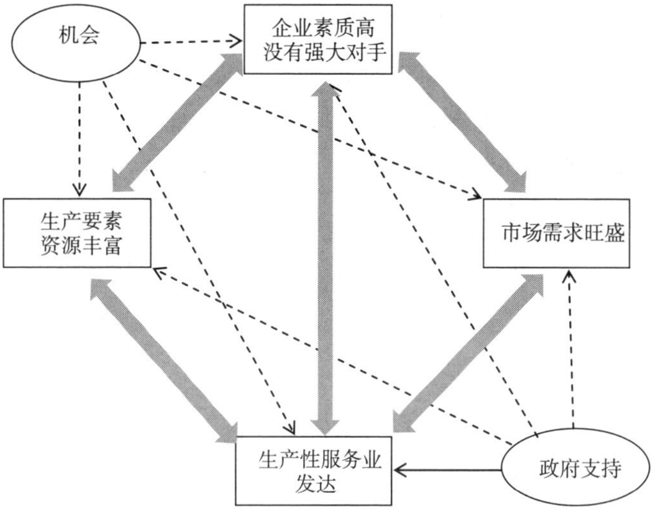

图6－1　深圳市传统文化版权开发钻石模型

产业园区是深圳市文化产业发展的关键载体，其中华侨城 OCT－LOFT 和 F518 是其中的成功典范。从传统文化版权开发角度来看，两个项目以产业需求为基础在汇聚创新资源方面做得非常出色。华侨城 OCT－LOFT 项目汇聚了艺术、设计、传媒、广告、摄影、文化等诸多版权产业样态。一是硬件设施建设上的创新化。项目通过改造陈旧企业的空间，不仅节约了场地建设成本，而且利用了后工业时代特色，将旧厂房布置成创新空间，从创新形式上营造气氛。二是园区布局上突出创意特色，注重对产业核心要素的汇聚，重点引进了版权产业中最具代表性与影响力的企业和机构，围绕画廊、艺术中心、出版中心、演出剧场、艺术家工作室等版权和产业核心形态进行经营布局。此外，还引进了与核心版权产业消费人群消费爱好重叠的精品家具、设计师服装、特色酒吧餐饮等经营形式，整个布局从大处着眼、小处着手，形成多元化、差异化的创意商业空间。四是政府的大力扶持。深圳市政府专门设立产业发展专项资金，通过明确支持政策，公开办事流程等举措，对政府想要、企业想干的项目进行补贴、奖励，提供配套资助等扶持，不仅扶持版权产业中的生产企业，而且重视对服务于版权开发、生产、经营和中介活动版权服务业的发展，从而形成全方位的系统性支持政策环境。

6.1.2.4 传统文化资源禀赋弱，产业需求弱

经济社会发展水平是文化繁荣发展的基础和前提，受资源禀赋、国家政策、时代变迁等多重因素影响，不同地区间传统文化资源差异大，地区民众对传统文化版权开发需求的愿望也千差万别。通过对传统文化版权开发的现实状况梳理不难发现，相关资源禀赋弱与产业需求弱叠加的地区主要由以下地区组成。一是自然资源贫瘠的偏远地区，如甘肃省，其地处青藏高原、内蒙古高原、黄土高原的交会处，虽然自然景色壮美，历史上孕育了敦煌、丝绸之路、黄河等文化资源，但是进入近代以来在传承和开发上明显落后于中部、东部地区，尽管历史文化资源不少，但产业化程度较低。同时，甘肃省区域经济发展不平衡，主要的传统文化产业集聚在兰州附近，产业需求不够旺盛。二是民族地区，例如，云南省是我国少数民族的主要聚集地，彝族村寨位于云南楚雄自治州的哀牢山地区，极富民族特色的彝族语言文字、传统服饰、传统体育项目、传统节日、传统礼节等在市场经济的冲击下逐渐失去发展活力，有消亡失传的危机。

在传统文化产业资源相对匮乏，且产业需求不大的前提下，版权开发是传承和保护传统文化的重要途径，其中政策扶持是前提条件。

数字经济的发展为传统文化产业版权开发的价值实现提供了更为广阔的空间，各种数字化工具和平台的广泛应用为版权开发中的内容生产、传输渠道以及接收终端等方面的资源共享、优势互补创造了便利，资源整合开发后的跨区域传播销售弥补了落后地区传统文化版权开发的区位劣势。例如，甘肃省历史可以追溯到五千年前，是中华文明的重要发源地之一，历史文化资源不仅丰富且具有特色，改革开放以后受区位因素影响，这些传统文化资源并未形成与之相匹配的产业优势，相反其传统文化生存状况和发展前景堪忧。以舞台艺术为例，据文化部公布的消息，截至 2009 年，

甘肃省境内已经有75个民间舞种悄然消失①。传统文化没有市场，更缺少版权开发与运营；全省文化产业规模小，没有形成良性发展状态；政策扶持力度小，不少传统文化形态长期处于原始状态，无人关心；区域经济发展不平衡，加重了传统文化产业开发的不均衡状态。又如，云南楚雄的彝族传统文化，在20世纪80年代彝族还保留有较为系统的文化资源，伴随着改革开放，国家对贫困地区的经济发展给予大力支持，彝族地区民众在大力发展经济、生活面貌发生翻天覆地变化的同时，忽视了传统文化的传承和发展②。原本只有少数人掌握的彝族语言和文字，如今已接近失传；以前流行的手工刺绣工艺，逐渐被市场上的机器绣花代替；以前群众参与度极高的寓意五谷丰登的“打陀螺”民俗体育项目，现在基本成为中老年人的专场活动；彝族传统节日火把节的庆祝活动，反而在城市流行，在乡村少有人问津。在市场经济浪潮中，涌入乡民生活的还有大量的流行文化，年青一代对传统文化缺乏正确认知。面对这样的情景，通过版权开发创造出符合现代人消费习惯的传统文化商品，通过政策扶持、市场运作的方式，引导民众接受和传承传统文化。一是制定扶持政策，调动社会资源，建立核心传统文化数字化保护性版权开发机制，利用现代音像、设计等手段，进行保护性开发和传承。二是立足本地优势，拓展传统文化产业数字化发展空间。传统文化资源是版权开发的前提和基础，数字技术下的版权开发将打破地域限制、语言差异和行业鸿沟，可以整合行业资源实现创新发展。三是建设传统文化版权资源库，储存和保护资源。尤其是少数民族传统文化资源，常出现消失速度快的现象，抢救性的开发和传承尤为必要。

6.2 基于多主体协同发展理念的版权开发发展阶段策略选择

德国学者赫尔曼·哈肯最早提出协同的概念，他认为复杂的开放系统中既存在着自发、无规则的独立运动，也有受子系统相互关联作用而形成

---

① 郭兰英．甘肃75个民间舞种悄然消失[N]．兰州晚报，2008-09-01.

② 李玉军．彝族传统文化在经济文化落后地区迅速消失的现象及原因[J]．文山学院学报，2012(4)：11-12.

的协同运动①。哈肯认为，系统和子系统间存在互动关系，当系统处于非均衡状态时，子系统间也随之呈现无规则的独立运动，此时子系统间虽然有关联关系，但是处于无序状态。随着系统开放性地与外界进行物质和能量交换，系统外部环境对系统内部的影响与子系统的运动相互作用，最终将使子系统无序和无规则的运动转变为有序结构和类型。由此可见，科学的系统性互动能够使系统内部和系统外部的协同运动产生同步作用，在系统内部各元素间形成协调与协作，实现多方受益和整体效应增强。

传统文化的产生、发展和创新以经济社会发展为基础，对其进行版权开发的目的是更好地发展与传承。由此可见，对传统文化的版权开发不是一个孤立的过程，而需要系统化思维，将其纳入经济社会发展大局去考虑。综合来看，数字经济背景下，传统文化版权开发经过起步阶段的策略选择和实践之后，进入发展阶段，发展阶段产业发展涉及的主体因素还有所在城市发展、文脉传承涉及的区域发展，以及传统文化版权开发之后形成的版权经济与现代市场体系间的协同发展，这些要素最终还要与数字经济协同，从而实现数字经济背景下传统文化版权开发的目的。传统文化、版权经济、城市发展、区域发展、现代市场体系、数字经济等要素间的关系如图6-2所示。

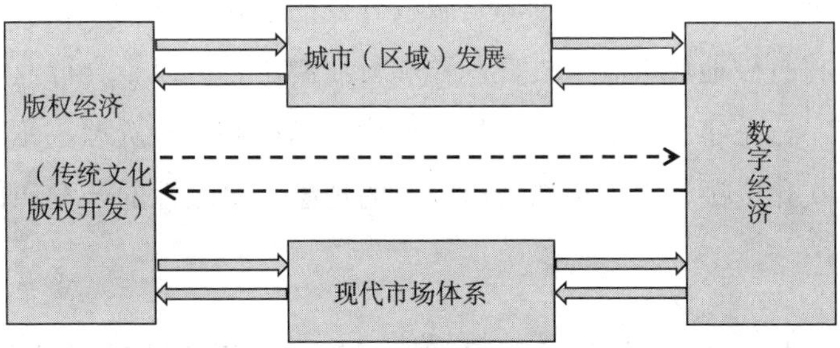

图6-2　传统文化版权开发协同发展示意图

① 赫尔曼·哈肯．协同学：大自然的构成秘密[M]．凌复华，译．上海：上海译文出版社，2005：26-41.

6.2.1 传统文化版权开发与城市、区域的协同发展

在城市和区域经济社会发展过程中，文化是重要的组成部分，经过历史的沉淀，传统文化逐渐形成和发展并成为城市品格、区域风俗的一部分。现代城市和区域的发展更是离不开传统文化，传统文化经过版权开发，为城市发展赋能，在有相似文化根脉的区域范围内增强观念认同，联通经济和社会交往。

6.2.1.1 传统文化版权开发与城市协同发展

对于现代城市而言，如何保护和传承有价值的传统文化，如何将传统文化版权开发有机融入城市发展是重要课题，且极具挑战性。英国学者蒂耶斯德尔提出了有关城市历史保护三阶段思想，他认为保护城市历史的第一阶段是保护历史遗迹，包括古建筑和构筑物等；第二阶段是保护历史景观，主要通过保护历史建筑群和历史景观来实现；第三阶段是通过市场化手段提高管理水平，在市场经济中实现保护历史街区的经济发展。蒂耶斯德尔的观点为传统文化版权开发提供了有益借鉴。

我国版权经济发展长期以来落后于发达经济体，这与我国经济社会发展水平和传统文化资源丰富的国情不协调，其中，传统文化版权开发在城市发展中的定位一直是个难题。实际上，发达经济体中心城市的经济结构、版权经济都是重要的组成部门，在激发城市活力方面起到了关键作用。通过传统文化版权开发带动版权产业发展对城市经济和社会发展是重要的，版权经济是一种面向消费的形式，在促进版权生产和扩散的同时，对城市发展产生累积的正面作用。首先，传统文化版权开发活动及运营活动属于第三产业的范畴，将通过推动就业增加的方式拉动经济发展。随着我国经济结构的调整，大力发展第三产业成为重要政策目标，版权产业将在其中起到重要作用。在西方发达经济体中，以版权产业为核心的文化产业就业总量巨大、就业增速快，且就业人口主要集中在城市，吸收就业的主要是中小企业，这也彰显了版权产业的创新活力。其次，传统文化版权开发促进城市建设和社会发展。我国城市化进程加快和初具规模之后，商务区成为城市的重要结构，工作时间人声鼎沸，但下班后少有人光顾的情

况很多。通过传统文化版权开发出来的消费类文化产品与商务区相结合，将进一步拓展城市经济对商务区的空间利用，吸引人们重返中心区。将建筑、雕塑、绘画等应用于城市建设中的景观设计、氛围营造等，将极大美化城市形象，提升城市内涵和品质。这些版权产品的普及，将有助于保持和发展城市文化，培育市民积极向上的情怀和人文素养。最后，改善人文环境和提升城市创新力。城市的竞争包括人力资源、游客、投资者、商业活动等，人文环境与自然环境一样都是城市生活的重要组成部分，也是城市吸引投资和人才等外部资源的重要条件。传统文化版权开发活动展现出的创意元素也是营造城市创新氛围不可或缺的部分。

反过来，城市的发展对传统文化版权开发产业的发展起到积极的促进作用。一是政策支持。政策支持是产业稳定发展的重要支撑条件，通过提供金融、税收、人才、土地等政策支持，为企业发展创造有利条件，解决企业负担过重问题。二是营造发展环境。城市发展的重要标志是人口聚集和经济增长，民众只有衣食无忧才会对文化产生需求。城市发展带来居民收入增长，继而推动居民文化消费需求的增加，将为版权开发活动带来原始创新动力，并提供基础保障。三是发挥资源聚集优势。传统文化版权开发不仅以传统文化为基础资源，更需要人力、物力、财力作为支撑。城市发展必将带动教育资源、物质资料生产活动、金融活动等的发展，将产生人才、物质、资金等生产要素的汇聚，为版权开发提供雄厚的资源基础。

6.2.1.2 传统文化版权开发与区域协同发展

传统文化的形成源自历史积淀，在历史变迁中行政区划也逐渐变化，传统文化在当下呈现跨城市甚至跨省的传承和认同。区域经济协调发展是经济社会发展中的热门话题，在区域视角下分析传统文化版权开发对区域经济发展具有一定的理论和实践价值。

首先，传统文化版权开发可以加强区域认同和交流。例如，中原文化辐射河南、河北、山东等地，又如，黄河文化贯穿中国东、西部地区。2021 年 10 月 22 日，习近平总书记在山东省济南市主持召开深入推动黄河流域生态保持和高质量发展座谈会并发表重要讲话，强调咬定目标脚踏实地埋头苦干久久为功，为黄河永远造福中华民族而不懈奋斗。在黄河流域高质量发展中绿色经济是重要内容，传统文化的传承和弘扬将在其中串联起黄河流域各省区，增加相互间的认同，为协同发展奠定基础。

其次，传统文化版权开发有力促进了区域协同发展。黄河是中华民族的母亲河，根植于黄河流域的黄河文化是中华文明中最具代表性和最具影响力的主体文化。习近平总书记讲话发表之后，黄河流域各省区对黄河文化历史价值和时代价值进行了有益探索。宁夏社科院从区域战略、历史文化、文化产业和时代价值等方面对黄河文化进行了深入研究，编纂了宁夏首部黄河志书《宁夏黄河志》，成为传统文化版权开发的典型。甘肃省印发《甘肃省黄河文化保护传承弘扬规划》，要努力构建“一心、一带、四区”，“一心”是以兰州为中心的“黄河文化之都”，“一带”是通过黄河干流串联的四个地级市组成的黄河文化创新发展带，“四区”是黄河文化在甘肃境内的四个重要组成部分，即渭河、洮河、泾河、河西四个文化片区。山东省文化和旅游厅印发《山东省黄河流域非物质文化遗产保护传承弘扬规划》（以下简称《规划》），构建“一轴两带、九大组团”战略布局，提出要以新型业态实现资源转化，以融合业态实现消费增值。“一轴”是贯穿黄河入海、入城、古风、入鲁的黄河干流文化旅游融合等发展轴，“两带”是齐鲁优秀传统文化两创示范带和黄河故道生态文化协同发展带。《规划》提出要促进黄河文化与儒家文化、红色文化等统筹发展，积极挖掘非遗资源，通过非遗与文创、演艺、节庆等协同发展，实现文创产业规模化发展。

在区域高质量发展过程中，传统文化的传承和发扬是始终绕不开的问题，政府普遍重视发展文化创意产业，鼓励城市与城市之间、省与省之间协同发展。传统文化版权开发是传统文化形态实现资源化转型，与其他业态融合发展的关键一招，也是城市间和区域间系统合作的纽带。黄河文化带的概念在黄河经济带高质量发展中逐渐形成共识，也为黄河文化版权开发奠定政策基础。

6.2.2 传统文化版权开发与现代市场体系的协同发展

近年来，随着我国对外开放程度的不断深化，现代市场体系逐步确立，版权制度逐渐成为文化产业发展中的核心支撑，版权产业对国民经济发展的贡献度不断提高。党的十九届四中全会提出“健全现代文化产业体系和市场体系，完善以高质量发展为导向的文化产业的文化经济政策”。习近平总书记高度重视文化产业，2020 年 9 月 17 日，总书记视察长沙文化产业园区时指出，文化产业是“朝阳产业”“要格外重视文化产业发展”。文化产业发展离不开版权制度，版权产业与文化产业虽然表述不同，但是内涵重合度极高，传统文化版权开发活动就是文化产业创新活动。当前，传统文化版权开发过程中存在产品供给不足、要素市场不畅通、与传统产业和现代市场体系协同发展机制不健全等问题。在破解困境、实现传统文化版权开发高质量发展的过程中，开发体系与现代市场体系的协同发展是重要途径。

6.2.2.1 版权开发融入现代市场体系的要素结构

现代市场体系有两个重要特征：一是法治，市场按照法规运行；二是市场在资源配置中起决定作用。传统文化版权开发的产业体系由各类文化产业要素和版权产业要素构成，是一个复杂系统，通过文化的版权化推动产业创新发展，满足公众多样化的文化需要，是传统文化版权开发活动的基本功能。传统文化版权开发通过四个方面实现与现代产业体系的融合与协同发展。一是资源要素，传统文化版权开发的资源是可开发传统文化，这里的传统文化至少要满足两个要求，首先，具有鲜明的社会主义先进文化和中华优秀传统文化特色；其次，具有社会效益或经济效益的文化资源。二是创新要素，包含以版权制度为引领的各类创新制度，包括资金、人才、物质资源等在内的创新资源，包括企业、个人等在内的创新主体等。三是市场要素，主要包括可供公众消费的传统文化版权产品的生产商、公众的消费需求和经销商。四是政策要素，版权制度在我国从确立到普及也就 30 多年时间，相较欧美发达经济体，我国版权制度体系还有不完善的地方，传统文化版权开发市场的政策要素主要是版权创造、运用和保护。从传统文化版权开发的要素来看，各要素也可以称为“子系统”，不同子系统间协调发展，各自发挥作用，最终将形成有序结构，从而促进产业要素间的平衡与协调。

在传统文化版权开发活动融入现代市场体系的实践中，资源要素、创新要素、市场要素和政策要素是有机统一的整体（见图6－3）。其中，资源要素是市场形成和发展的基础，创新要素是市场发展的核心推动力量来源，市场要素的合理有序调动是市场运行的关键，政策要素为市场健康发展提供重要保障。

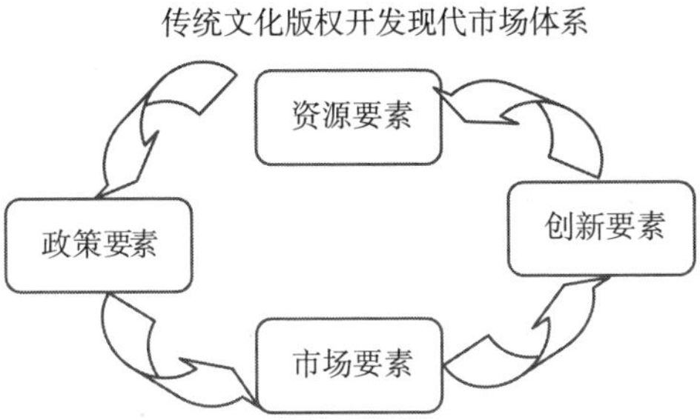

图6－3　传统文化版权开发市场要素构成

6.2.2.2　版权开发融入现代市场体系的运行模式

在现代市场体系中，决定资源配置的关键是市场，传统文化版权开发资源的配置也由市场支配。文化市场是现代市场体系的子系统，传统文化版权市场是文化市场的子系统。在现代市场体系中，产品市场和要素市场是两大组成部分，同样在传统文化版权市场中，也分为版权产品市场和版权要素市场两部分。

传统文化版权市场体系是指影响版权市场主体参与生产、流通、分配、消费、服务等活动的要素的集合体，是市场内容、活动与环境主要的集合。传统文化版权市场中的产品市场是以版权实体产品、无形服务等为交易对象的场所、过程和商业关系等相关内容的集合，典型的传统文化版权市场包括影视、图书、舞台演出、书画作品、手工艺品等，在数字经济的影响下，这些市场与互联网虚拟市场有机融合，呈现出新的业态。传统文化版权市场也可以称为“生产性服务市场”，是为版权产品的研发、生产、销售等活动提供必要的有形或无形的生产要素的市场，是服务生产的专门场域，有力保障市场合理配置资源，夯实产业发展基础。典型的要素市场包括版权资本市场、版权技术市场、版权人才市场、版权中介市场、版权信息市场等。传统文化版权市场中产品市场和要素市场是组成系统的有机部分，两者相互作用、相互依存，通过互动影响共同促进市场结构功能实现（见图6－4）。一方面，版权产品市场的发展催生消费需求的多样性，进而导致生产企业版权创作活动的多样性，带动生产企业对生产要素需求的多样性，在层层传动过程中，生产者的创新活动不断推动市场体量发展和产业升级，不断激发对生产要素新的需求。另一方面，版权要素市场是进行文化产品生产的支撑和必要条件，多元文化要素的供给为高质量文化产品生产提供了可能；同时，版权要素市场参与现代市场体系的资源配置，为传统文化版权产业发展提供更多的资源①。

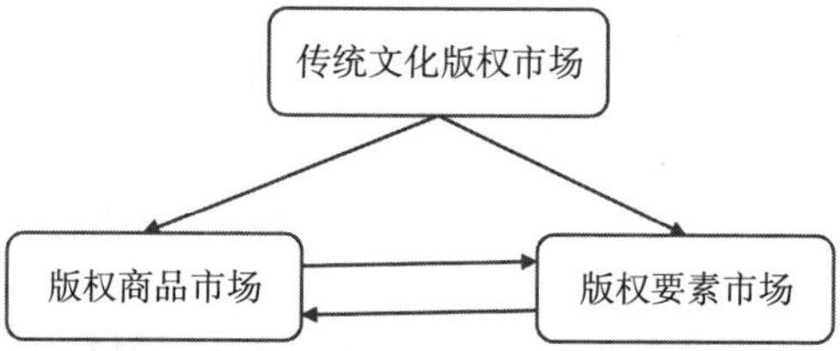

图6－4　传统文化版权市场运行模式

6.2.2.3　传统文化版权开发与现代市场体系协同发展的作用机制

协同理论对社会实践具有重要的指导意义，具体到传统文化版权开发领域，文化市场和版权市场均是开发性系统版权产业的子系统，两者结合形成传统文化版权产业市场，不断与外界环境进行物质、能量、信息交换和互动。这种协同过程至少有两个层面：一是政府管理与传统文化版权市场之间的协同，政府在文化和版权管理中的产业规划、市场监管模式、金融政策等政策法规与由法治、金融、服务等组成的营商环境之间的互动；二是传统文化版权开发体系中各要素禀赋流动与效应发挥的外化，如特定条件下要素禀赋、供给质量、供给空间之间的互动等。在此影响下，传统文化版权开发与现代市场体系协同发展的作用机制主要体现在政策、市场

① 潘爱玲，王雪．现代文化产业体系与市场体系协同发展的机制和路径研究［J］．华中师范大学学报（人文社会科学版），2021（1）：66.

和创新机遇三个方面。

（1）在政策引导下建立起协同发展的体制机制基础

政府引导和政策保障是产业体系与市场体系协同发展的前提。作为文化产业的组成部分，传统文化版权开发兼具经济属性和政治属性。经济属性追求经济效益，以盈利多少作为衡量发展成效的主要标准；政治属性追求社会效益，以对社会的作用大小来衡量。在产业发展中，全面放开由市场主导显然容易产生内生性发展方向与政府期望之间的错位，所以政府引导和政策保障必不可少。

协同学认为，外部环境赋予的控制参量是影响开放系统协同演化的前提要素，在传统文化版权开发中政府行为是外部参序变量的主要来源。源自政府参序变量的主要形式有产业发展规划、行业监督管理机制、引导扶持政策等，对协同发展的意义主要体现在引导和规制作用上。一是引导作用。各级政府根据自身实际制定的产业政策一般具有以发挥前瞻性和引导性为目的，为产业体系和市场体系协同发展指明了方向。一般情况下，各级政府在市场经济发展的过程中积累了丰富的产业发展管理经验，如果决定将某一产业作为将来的重点发展对象，将出台一揽子政策形成合力支持。例如，深圳市确定“文化立市”目标之后，先后出台包含金融支持、人才引进与培养、技术研发等政策，共同推动文化产业和市场发展。又如，北京将文化产业作为重点来发展，2013 年开始推行“北京惠民文化消费季”活动，引导北京市民文化消费结构转型升级，大力扶持引导本地文化阐释发展，夯实北京文化产业发展基础。二是规制作用。《著作权法》第一条指出制定该法的目的之一：“鼓励有益于社会主义精神文明、物质文明建设的作品的创作和传播。”被传承和开发的传统文化虽然具有先进性，但是在市场化运作过程中，版权产品运营尊重市场规律，在实现经济效益过程中难免产生与社会效益相矛盾的地方。经营者应按照现代市场规律运营版权产品获取经济效益，政府有关部门出政策、明标准、画红线，两者在协同互动中破解二元矛盾的现象。在数字经济快速发展的今天，网络视听市场爆发式发展，与此相伴的是个别网站和用户的逐利行为，内容低俗、猎奇、盗版等问题层出不穷。红极一时的虎牙、斗鱼等直播平台面对政府部门三令五申的要求，仍然对用户行为睁一只眼闭一只眼，不断出现色情、血腥和暴力内容，以此博人眼球、吸引流量，妄图逃避监管冒险完成原始积累。政府对产业发展的良好监督管理不仅有利于弥补市场机制的缺陷，确保主流价值观传播，优化营商环境，更重要的是通过促进版权市场经济效益和社会效益有机统一，为市场主体和产业指明发展方向，发挥政策的协同作用。

（2）发挥市场的资源配置决定作用，融入现代市场体系

根据哈肯的协同理论，政策是系统发展的控制参量。除此以外，序参量支配原理是任何复杂系统由无序到有序状态的演变中的必要遵循，决定了系统整体有序的状态。传统文化版权开发体系和现代市场体系虽然范畴差别较大，但都属于复杂的有机系统，在由无序状态向有序状态演化时需要序参量支撑。序参量为系统内部演化提供内生动力，在实践中序参量就是市场机制。

在传统文化版权开发融入现代市场体系的协同发展中，序参量对应市场机制中的供求机制、价格机制、竞争机制、公平机制等。首先，序参量代表的市场机制通过生产要素协同发挥调控作用。从事传统文化版权开发的企业是协同中的主体，在市场运行初期的无序状态下，从事版权开发的企业创造形形色色的版权产品或无形服务，按照以往市场数据或经验定价，需求量大的产品或服务将经历价高质优、价平质平、价低质低的一般发展过程，总之放任市场自由发展必定经历较长的周期和资源内耗才能慢慢演化到有序状态。生产要素是生产的必备条件，供求机制、价格机制、竞争机制、公平机制协同发挥作用，以供求关系和产品内在价值为引导，促进生产要素的合理流动，扫除市场信息盲区，打通资本、人才、技术等要素的流动障碍，打破在地理、历史、经济发展、管理水平等禀赋制约下的条块限制，形成科学合理的、可持续发展的产业空间布局。其次，在市场机制的作用下形成竞相创新的发展氛围。在开放的市场中，企业面对行业竞争和市场需求，创新是最优化的出路，将数字经济引入传统文化版权市场的创新行为就是典型案例。浙江宋城集团打造了以“千古情”系列文化演出为核心的传统文化版权产业矩阵，在企业发展过程中，得益于中国

各级政府对文化产业大力支持，在全国重点地区打造了文化旅游项目。宋城集团在河南郑州建设了黄帝千古情景区，《黄帝千古情》的大型演出是景区核心内容。开业伊始，景区就通过微信、小红书等平台营造氛围进行预热，接着又在美团、大众点评网站售卖“优惠”门票，将“互联网+旅游”的模式演绎得淋漓尽致。在市场机制的作用下，经过充分竞争，“千古情”系列演出的运作模式逐渐成熟并得以在全国复制推广，在规模效应的作用下企业获得了丰厚的回报。因此，在市场机制下，通过供求、价格、竞争、公平等方面协同治理和发展，版权企业在竞争氛围作用下持续研发投入，实现产品和服务创新，达到优化升级产业结构的目的。

（3）发挥数字经济的创新引领作用，有效对接版权消费市场

近年来，我国数字经济飞速发展，在国民经济中的影响作用日益凸显，正在成为我国经济发展的新动能来源。根据工信部新闻发言人闻库介绍，2019 年我国数字经济的总量达到 35 万亿元，占比超过当年 GDP 的 1/3，据测算，其对 GDP 的贡献率达 67.7%。中国新闻出版研究院在 2020 年初公布的数据显示，2018 年中国版权产业的行业增加值达到 6.6 万亿元，占当年 GDP 的比重超过 7%。数字经济与版权产业同步发展，呈现版权产业融入数字经济的发展趋势①。

随着数字技术和互联网技术的迅猛发展及相关应用的普及，包括新闻出版、影视视频、音乐作品、动画等在内的核心版权产业产品通过数字化制作后，在互联网上广为传播，尤其是伴随着新冠肺炎疫情的暴发，人们对网络信息需求更加强烈，加速了传统文化版权开发的数字化和网络化发展，对版权产业有效对接消费市场起到关键作用。在数字经济背景下，传统文化版权开发不仅更好地对接了国内消费市场，而且为传统文化版权产品国际传播开辟了新路径。在 2019 年成都国际数字版权交易博览会上，专门开设了“一带一路”国际论坛，来自俄罗斯、澳大利亚、韩国、芬兰、非洲等国家和地区的版权机构、企业机构、专家学者等参加。该论坛聚焦

① 数字版权资源价值日益凸显［EB/OL］. 法制网，https://xw.qq.com/cmsid/20210101A05A5Z00?f=newdc，2021-01-19.

国家版权产业互动中的焦点问题，包括国际版权保护、国际版权贸易新动向、促进版权制度国际化、版权跨国交易体系创新发展、进一步丰富版权贸易内容等议题。我国目前正在积极推进“一带一路”建设，作为经济发展重要补充的版权贸易，将从文化软实力的角度发挥重要的补充作用，使经贸往来更加丰满和立体。数字是机遇更是挑战，对于传统文化版权开发来讲，机遇远大于挑战。以互联网、大数据、人工智能等为代表的数字技术融合互联网运营技术的数字经济给跨区域的版权贸易带了深远影响。通过数字经济助力的国际版权贸易往来，不仅建立了符合国际规则的版权创造、保护和运用体系，同时还在合作中搭建起多边文化交流的平台，对各国政府和人民之间增进了解、凝聚共识起到重要作用。

6.3 基于产业理念的版权开发做大做强阶段策略选择

6.3.1 树立版权管理理念，完善版权制度

党的十九届五中全会提出到2035年建成文化强国的战略目标，对如何实现这一战略目标做出系列谋划和部署，标志着我国文化产业进入新发展阶段。版权制度是文化产业发展的基础与核心支撑条件。版权是文化产业劳动成果价值的体现，版权管理涵盖文化版权创造、运用、保护及以此为基础的一切产业活动，涉及版权价值实现的全过程。版权是文化产业的核心资源，是文化资源转化为文化产品的基础，是支撑市场主体开展市场经营、参与国际贸易、跨屏跨界传播的关键要素。版权制度确立了文化产品创意创新过程中利益分配的基本规则和原则，文化产业发展水平越高，对版权制度的需求越强。自改革开放以来，中国特色社会主义市场经济体制改革不断深化，包括版权制度在内的知识产权制度日趋完善，为版权产业创新成果产业化和商品化提供了坚强的制度保障。传统文化版权开发事业起步和发展对资源禀赋、市场需求、经济发展和政策扶持的依赖性强，进入做大做强阶段，创新能力核心竞争力成为发展的关键要素，其中版权制度起到基础性和决定性作用。

首先，在政策理念上强化影视产业版权属性，以版权制度为基础平衡

好产业改革中公平和效率的关系。

版权制度具有维护公共利益、实现社会治理目标的根本属性，通过保护和鼓励作品创作、传播实现公共利益，版权政策制定和实施过程中公平与效率成为一对天生的矛盾体，也是传统文化版权开发融入现代市场体系之后必须面对的问题。通过梳理中国文化产业政策可以发现，“事业”理念向“产业”理念转变贯穿政策的全过程，经过改革初期的尝试探索，在深化改革期收获改革红利，文化产业大而不强的问题成为高质量发展主要困难。政策始终希望完成但没有完成“政事”“事企”完全分开的问题，社会价值与市场价值二元矛盾一直阻碍着文化产业改革。版权制度的出发点是通过促进知识的创造与传播实现公共利益最大化，其中对创作者、传播者权利划分和制度保障安排是实现公共利益的手段而不是目的。在版权管理视域下处理“政事”“事企”分开问题，在公共利益最优的大背景下，围绕“创意”，结合影视产业政策，实施政策供给侧结构性改革，解放产业创新力和生产力，是政策理念的合理转向。

其次，在版权政策工具选用上增加自愿性工具使用比例，在市场中激发传统文化版权创造和运用活力。

当前，我国文化内容市场生态系统发生根本性变化，市场规模、活力和吸引力显著增强，市场主体类型多、规模大，市场结构日趋复杂。政府对文化内容产业的管理越发重视，文化强国成为国家战略，文化产品“走出去”、国家传播能力建设成为产业发展重点。根据政策工具选择理论，在政策子系统复杂和国家能力强的环境下，自愿性政策工具应成为选择重点，市场自由化、自愿性组织和服务、公共事业等应成为重要的政策方向，但现有政策工具选择以强制性工具为主体，辅以一定比例混合性工具，缺少自愿性工具使用。自愿性政策工具通过激发文化版权创造和运用活力推动产业发展，其作用主要体现在三个方面。一是营造创新创意氛围，通过市场自由化政策供给，为产业要素自由流动创造条件，形成竞争氛围，激发市场主体的创造活力。二是构建交流合作机制，支持行业组织和生产性服务业发展，推动产业集群发展，促进企业聚集发展，加强产业分工协作。三是夯实产业发展基础，做好公共事业服务，建立市场化投融资制度，重点保障基础设施建设和解决影响产业长远发展的公共问题。

最后，在政策对象上加强文化产品版权保护体系构建，夯实产业创新发展基础。

传统文化版权管理可分为创造、运用、保护三个环节，保护环节直接影响相关主体利益实现，是文化内容产业发展的前提与基础。现有政策对传统文化版权创造和运用着力较多，保护政策供给明显偏少且不能满足产业发展需求。文化强国建设为我国文化内容产业发展营造良好政策氛围，庞大的国内市场展现出良好发展前景，构筑完善的版权保护体系是亟待补齐的短板。一是扩大保护范围，加大对中国民间文学文艺作品等优秀传统文化保护力度，为传统文化版权创造提供丰富的原始素材保障；二是加大侵权打击力度，尤其针对数字经济背景下传统文化影视版权跨屏传播、跨界运营中出现的侵权现象强化政策供给，不断提高版权保护水平；三是与国际规则接轨，在寻求中国传统文化海外传播最优保护的同时，为海外市场主体提供最优中国市场保护，吸引外资外智为我所用，在开放交流中找到文化版权贸易中国际版权制度的最优结合点；四是强化行业自治，建立由产业市场主体主导的行业组织，畅通市场发声渠道，将行业自我管理与服务作为行政管理的重要补充。

6.3.2 提升融合发展能力，与时俱进培育新动能

版权产业发展到做大做强阶段，已经解决了版权开发和基本的产业链建设等问题，进入版权运营阶段，版权运营需要对源自传统文化的版权进行系统的开发规划、销售包装和产业链控制，从而培育数字经济新动能，实现融合发展。

6.3.2.1 复合型的版权开发市场主体

版权数字的飞速发展、前所未有的技术迭代式发展，在为版权开发、消费带来便利的同时，也在颠覆版权开发市场主体的面貌。数字经济中版权市场从传统的实体市场销售向网络市场销售转变，在网络市场中版权产品价格差异大，定价策略复杂，大量的免费版权产品充斥市场，带动了版权消费市场的成长。随着版权市场规模的不断扩大，市场结构对市场主体

呈现更加复合型的要求，这种复合型主要体现在版权运营复合方面。一是版权销售与版权创造交织并行。传统文化资源在现实社会中长期发散，经过版权开发实现精神产品的实体化转变。线下大规模的版权开发活动产生了大量的版权产品，在数字经济环境中，互联网是销售的主渠道，销售的过程不仅包含版权产品的直接售卖，还包括版权产品改编权的售卖，例如，将文学作品翻拍成影视作品，开发成网络游戏，设计成服装道具甚至剧本杀情节等。版权产品在网络销售的同时，创造了新的版权产品形态，实现了销售即开发的情况。二是版权开发市场主体跨界运营。在数字经济中，互联网是全新的运营平台，版权开发运营商不仅需要将互联网销售引入传统销售渠道实现渠道数字化迭代，而且需要满足数字经济背景下多样化需求。例如，以前图书出版商只需要售卖图书，现在遇到好的选题，首先要考虑数字经济因素，要以全产业链的思维进行版权开发，图书不仅是图书，也是创意，是版权，更是一个文化 IP。

6.3.2.2 贯穿式的版权产业链体系

在传统信息时代，电影、电视、图书、广播等大众媒介受媒介特征影响呈现明显界限，各自有独立的产业链。在数字经济背景下，做大做强版权产业需要贯穿式的产业链体系，这种贯穿体现在横向的跨界运营与纵向的深度开发上。横向的跨界运营也可称为“跨屏传播”，人们每天都和屏幕打交道，如手机、电脑、电视等，碎片化的接触时间串联起受众的信息接受。著名的魔弹论认为，受众是靶子，媒体就是射击者，受众只有被动地接受。在数字经济下，各种屏幕代表的是信息媒介，信息过剩逐渐成为受众面对的常态。一个好的传统文化版权开发项目，抓住受众，拥有稳定的粉丝群是盈利的关键。在版权运营中，统筹运用多种媒介，在跨屏传播中串联起受众接受的片段化信息，为之后的跨屏传播、整合传播打好基础。纵向的深度开发体现在版权运营的长尾效应上。高质量传统文化版权开发形成了版权经济的原点，版权价值链在运营中逐渐展开。例如，著名的“盛大文学”，投入巨额资金建设海量的阅读资源库，依托雄厚的版权资源展开衍生品的立体营销。又如，文学作品的网络阅读权、互联网信息传播权、动漫改编权、网络游戏开发权等。随着高质量版权产品的开发，培育了版权产品盈利新模式，众多版权产品复合型开发成功，为版权产业提供新发展动能。

6.3.2.3 全方位的数字版权消费圈

消费圈有两个显著特征，一是有固定群体和范围；二是用户消费黏性强。互联网产生的本质就是自由、平等、开放和共享，数字经济作为互联网经济的近似概念，两者天生有相似的内涵基因。数字经济借助互联网形成和发展，其中信息流动是重要的核心活动，版权在其中扮演重要角色，可以说，用户在互联网上的信息消费离不开版权制度支撑。新闻网站的信息来源经常注明独家信息、禁止转载等字样，文学网站的作品信息网络传播权一般有清晰界定，这些受版权保护的内容是互联网媒体的核心竞争资源。经过几十年的发展，如今互联网信息资源丰富，基本形成了完全竞争的信息市场，互联网媒体凭借独有的版权资源形成各自的风格特点，在运营中逐渐实现受众分层，形成了稳定的消费圈。数字经济中大数据分析是重要的运营辅助手段，通过大数据分析，互联网企业能掌握受众的消费习惯，分析消费心理，预测消费行为。在完全竞争的互联网市场，媒体经过长期的运营形成消费圈、品牌文化、品牌价值，与受众形成了良好的社交关系。在网络环境下，受众在常用的网站中享受定制化服务已经基本实现，无论是信息的推送还是功能设置都营造个性化氛围，个性化的消费也不断强化受众的黏性。

6.3.3 提升资本运营能力，合理高效配置资源

任何产业的发展都离不开资本要素，资本为产业发展提供了资金保障，提升了生产要素配置能力。传统文化版权开发做大做强，需要把版权的利用与资本运营结合在一起，实现生产资源的高效配置。

6.3.3.1 自身版权的资本化

传统文化版权开发以形成可交易的版权为目标，把版权转化为版权产品，通过市场交易实现价值，又反过来证明了版权的价值。版权资本化就是将版权转化为资本要素的过程，代表市场对版权价值的认可和稳定收益

的预期。

版权资本化为版权的产业化运作提供了前提条件。将版权转化为版权资本的过程，重要意义在于完善了版权领域的资本利益驱动机制，为版权价值可量化交易提供基础。例如，知识产权界近些年呼声很高的“知识产权质押融资”，包括专利、版权的质押融资，以期利用知识产权换取金融资本，解决知识产权产业化、市场化发展过程中的资金短缺问题。但其在实际操作中困难重重，近几年专利质押在政府相关部门推动下开始有起色，但版权质押一直发展很慢。这一方面虽然有政策力度不够的原因，但更多的是版权资本化不足的问题。例如，缺少权威的版权价值评价体系和评价机构，缺少版权资本运营平台和运营人才，导致无法顺利地实现版权资本化。目前，版权资本化中运用最多的模式是版权经济代理，也是国际上通用的一种模式。版权经济代理通过对版权作品和项目资源进行整合转化，实现版权价值最大化。欧美文化产业发达国家大部分文学作品都是通过专业的版权经济代理人或机构运作出版。版权经济代理一般在“点”和“面”上展现专业特长，“点”指的是锚定某一领域深耕，例如，专做图书版权、电影、电视、民间文学等不同领域。或者我国独有的国有体制下的行业出版社，在某一领域深耕几十年，掌握大量的优质版权资源和优质作者，在某一领域有举足轻重的作用。“面”指的是数字经济背景下版权经济代理对专业信息的掌握权，掌握全球产业动态，及时判断和抓取最优质的资源为我所用。

6.3.3.2 对接金融和社会资本

传统文化经过版权开发形成版权资源，再经过资本化运作形成版权资本，为产业生产融入现代市场体系进行生产要素交换和资源调配创造了条件。传统文化版权开发经历起步和发展阶段，最终做大做强实现产业价值。生产要素是产业间竞争发展的基础性资源，版权资源与社会金融资本等生产要素的对接主要通过版权交易平台实现。

文化内容产品市场与商品市场一样都需要公平交易平台来实现相对公平、透明的交易。版权交易平台的搭建和运营就是针对这一问题为版权创造、运用、保护等版权产业市场主体提供互动空间。版权交易平台主要通过整合资源、融合业态来助力版权运营。①整合资源。版权交易平台以汇聚丰富的优质版权资源为基础，通过聚集效应形成围绕版权资本化运营的产业链条，并为政府的产业扶持政策提供支撑。例如，通过对优质版权资源的汇聚，吸引产业开发商进入版权领域；通过协同政府和市场主体，举办专业展会，进行产业推广；通过对接行业主管部门，具体落实政府的产业扶持政策；通过设立专项产业基金，帮助中小版权企业和潜力版权资源实现孵化发展；通过设立金融超市，与金融资本和金融机构对接，探索版权质押融资、版权保险等金融运作方式。要想做大做强版权产业，单打独斗是无法实现的，必须通过版权交易平台的资源整合，汇聚资源实现效益的最优化。②融合业态。版权交易平台另一个重要作用是串联各种商业模式，通过整合业态促进版权资源的最优化、合理化运营。例如，当前推进的版权产业园或数字产业园建设，其中市场主体通过版权交易平台实现业态融合。在版权运营过程中，涉及商业模式创新、内容研发、配套系统研发、增值服务研发、版权资源适用研发等多项内容，需要人才资源、资金支持、管理保障等多种资源，运营过程从专业版权开发到专业的市场销售，再到专业的数字技术支持等，不同的业态通过平台融合发展，实现版权价值。

6.3.4 汇聚科技和人才资源，发挥创新引领作用

传统文化版权开发高质量发展呈现创新驱动、产业结构优化、竞争力增强、发展可持续等特征，这些发展目标的实现需要科技创新与人才支撑。

6.3.4.1 科技创新

版权是科技发展的产物，与技术进步密切相关。远古时代，知识掌握在少数人手中，传播媒介也是稀缺资源。随着人们知识水平的不断提高，科技进步促进知识普及。现在，我国已经全面建成小康社会，经济发展由粗放型向集约型转变，发展动能转变的重要来源是科技创新。传统文化版权开发作为绿色产业，更需要科技创新的支撑。版权开发科技创新的本质

是产业与科技的融合，是加强科技成果在版权产业领域的应用。欧美发达经济体版权产业发展的历史经验证明，科技创新与版权产业发展呈现显著的正相关关系。我国版权产业起步较晚，在现代化发展过程中难免遇到困难。例如，因为产业发展时间短版权资源积累不足无法满足市场需求、传统版权市场主体版权资源权属不清且转授权存在障碍、数字经济下传统版权市场主体发展遇到瓶颈、数字传播中的版权保护等问题，都是版权市场发展中显著存在的问题，这些问题的出现是产业发展的必然结果，在阻碍产业发展的同时也为产业改革明晰了方向，创造了机遇。科技创新推动传统文化版权开发的具体体现就是数字经济的融入与推动作用，在数字经济背景下，数字技术在版权开发中的运用是传统文化版权开发获得新发展动能、做大做强的破题之道。在产业面临现实困境的同时，国家相关部门做了有针对性的部署，于2006年开始推动实施数字版权保护研发工程，有力解决了数字经济中版权保护问题。随着数字经济的快速发展，版权产业进入数字传播时代，版权保护的重心逐渐由复制权向传播权转移。在数字技术下，传播渠道日益丰富，信息传播速度越来越快，传播媒介虚拟化、传播过程碎片化，都有赖于科技创新推动版权创新，以此实现产业高质量发展。

6.3.4.2 人才培养

人才是产业发展的核心竞争力，以知识创作为主要内容的版权产业，更加需要人才的支撑。传统文化产业版权开发的人才与版权人才一脉相承，其广义上包含版权创造、运用、保护的人才，例如，文学作品创作者、版权产品的营销者、版权代理服务者、版权司法专业人员等。狭义上传统文化版权开发人才仅指从事版权化的人才，其主要职责就是将文化资源转化为版权资源。作为版权产业的后发国家，我国传统文化版权开发人才积累较为薄弱，在人才培养上可以借鉴版权产业强国的经验，如美国对版权人才的培养（见表6－2）。在美国，版权产业是国民经济的支柱产业，为国家创造了大量就业机会，是出口创汇的主要渠道。在美国版权产业发展的过程中，版权人才起到重要作用。美国政府制定了一系列优惠政策鼓励版权人才培养，自 1790 年以来，美国不断完善版权制度，先后颁布《版权法》《数字媒体消费者权利法》等系统性和专门性的版权法规，这些法规在确立版权地位的同时，为版权人才培养奠定了基础。美国政府还为版权人才培养解决资金困难，国会每年向国家艺术基金会等社会组织直接拨款，美国《联邦税法》等政策以减免税收等方式引导和鼓励纳税人对文化和创意产业捐赠。美国教育体系经过与企业界的长期互动，形成了紧密的校企合作人才培养机制。一是在人才培养中注重以产业为导向，结合美国创意产业发展需求，重点培养具有研发专长的创意人才和具有版权产品运营服务专长的版权管理人才，前者强调创意素养，后者专攻不同的版权管理和服务领域。这两类人才好比国内的本科和专科体系，一类注重研发能力，一类注重职业应用能力，两者相辅相成、互为促进，为美国版权产业发展提供人才支撑。二是高校和企业密切互动，极大提升了版权人才培养的时代性。美国高校经常与企业联合办学，高校从企业获得最新的业界动态，聘请实践一线的专家走上讲台，让学生更接地气。企业有走进高校的意愿，通过走上高校讲台接触优质的可塑性人才，对提高企业的行业认可度、储备丰富的人才起到了关键作用。此外，美国还利用自身高度发达的经济社会发展水平，面向全世界引进人才，利用版权产业良好的发展潜力在国内各个行业引进人才。版权与创意是一对孪生兄弟，版权人才向往宽松自由的工作氛围，可以天马行空地构思创意，从业者平等交流激发灵感。美国注重对宽松社会氛围的营造，在宽松氛围中构建起激烈的竞争环境，这种人文环境与殷实的社会保障体系是吸引版权人才的基础。

表 6-2 2008—2012 年美国版权产业就业情况一览表①

类别		年度				
		2008	2009	2010	2011	2012
就业人数（千人）	核心版权产业	5474.8	5176.1	5097.6	5296.9	5399.1
	全版权产业	11473.8	10814.8	10632.2	10944.1	11170.9
美国就业总人数（千人）		136790.0	130807.0	129818.0	131499.8	133736.2
占总就业比重（%）	核心版权产业	4.00	3.96	3.93	4.03	4.04
	全版权产业	8.39	8.27	8.19	8.32	8.35

6.4 数字经济背景下传统文化版权开发产业发展模型

传统文化版权开发的产业化经历起步、发展和做大做强阶段，三个阶段间联系密切，呈现清晰的进阶关系。数字经济对传统文化版权开发的影响主要体现在生产要素配置的流动性增强、产业发展更需要融合性、对创新的依赖更强等方面，具体模型如图 6-5 所示。

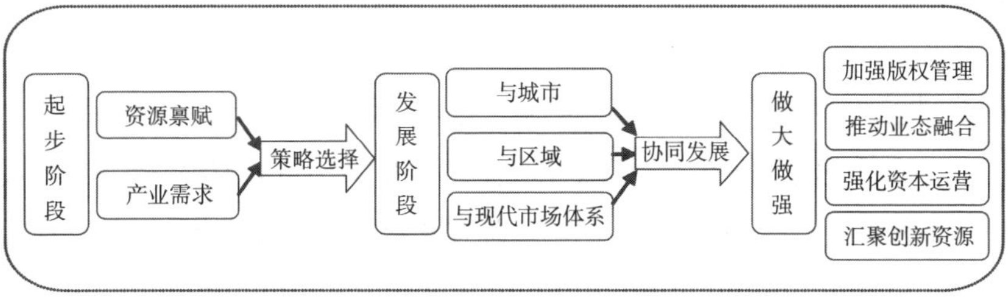

图 6-5 数字经济背景下传统文化版权开发产业发展三阶段模式

图 6-5 描绘了传统文化版权开发产业发展思路，在考虑数字经济对产业发展影响的前提下，提出产业发展的三阶段模式。

第一，传统文化版权开发产业起步阶段。在数字经济背景下，市场经济较为发达，信息流与产业流、信息流与客户流、信息流与生产要素流密切互动。传统文化资源的开发必须从客观实际出发，这个客观实际就是传统文化资源本身的禀赋以及地方经济社会发展中对该传统文化版权开发所形成产业的预期需求情况。资源禀赋强或弱，产业需求强或弱，两项关键

① 秦宗财，方影．美国版权产业人才培养及启示［J］．出版发行研究，2016(6)：77.

性条件对应有四项组合，针对这些组合版权开发应该选择不同的策略。在资源禀赋强、产业需求强的状态下，传统文化版权开发按照市场规律自由发展，在政策上应做好产业保护和前瞻性规划；在资源禀赋强、产业需求弱的状态下，尤其适合数字经济发挥作用，在政策上应加大扶持力度和招商引智、引资力度，通过数字化手段开发出富有创新性的产品，同时利用数字化的网络渠道销售传播；在资源禀赋弱、产业需求强的状态下，需要对传统文化资源进行挖掘，同时设定好投资门槛，要利用域外资金发展域内产业，同时凸显文化产业拉动就业和提升发展环境的作用；在资源禀赋弱、产业需求弱的状态下，一般这样的传统文化资源是历史久远、可商业性弱的资源，大多面临失传、灭绝、消失的危险，需要政府部门出台专门政策进行保护性版权开发，通过数字化手段更加完整地保存文化资源，同时通过数字化运营模式，创新孵化传统文化资源的可商业性。

第二，传统文化版权开发产业发展阶段。该发展阶段的特征是产业的迅速成长，产业要素的逐渐完备，产业汇聚生产要素资源的能力逐渐增强。传统文化版权开发产业的发展要融入经济社会发展大局，文化是人创造的，作为精神产品受到地理、历史等客观因素的影响，呈现出鲜明的地域特征，传统文化更是如此。这就决定了传统文化版权开发要与城市、所在区域相融合，要与现代市场体系相协调。借用哈肯的协同论，版权开发产业要与城市、区域、现代市场体系协同发展，通过有机的协同才能实现产业的健康快速成长。

第三，传统文化版权开发产业做大做强阶段。该阶段要实现产业的高质量发展，提升产业发展效能，使产业创新能力维持在较高水平。版权制度是产业有序发展的基础，以此为出发点，独具产业特色的版权管理体系是促进产业做大做强的保障。在数字化经济背景下，版权产业要实现跨界资源整合，版权创造来源丰富化、版权运用手段多样化、版权保护体系完善化，需要产业在融合发展上着力。数字经济背景产业间跨区域、跨行业的互动越来越频繁，生产要素流动受资本影响大，版权资本化和版权产业资本运作是围绕版权产业资本运营的两个关键问题。传统文化版权开发肩负社会和经济效益实现的双重目标，在数字经济背景下，版权资源丰富多彩，在与现代文化版权开发的竞争中，创新是赢得竞争优势的关键。

7 数字经济背景下传统文化版权开发类型化策略分析

传统文化版权开发类型划分的依据是版权产业形态，根据 WIPO 划分标准，结合我国传统文化实际，重点梳理传统文化图书、视听作品、演艺、动漫和其他形态的开发，与第 5 章传统文化版权开发产业发展策略之间形成体系化关系。产业化策略注重纵向的产业深度发展，类型化策略则针对横向的不同类型版权开发形态的推进。

7.1 传统文化图书开发

一直以来，以中国古代哲学思想、文学著作、民风民俗等为主要内容的中国传统文化作品广受大众欢迎，这些图书在传播、传承和创新传统文化方面起到重要作用。我国优秀传统文化图书开发的内容主要包括史学图书、古籍图书、民族传统文化图书等。例如，在史学图书中，《中国大历史》《中国通史》等是近些年来热门的出版物，它们用现代的表达方式客观全面地解读历史。传统文化图书开发是我国最为悠久、最为成熟的传统文化版权开发形式，开发内容多元，受众面广泛，已经有十分深厚的积累，传统文化图书开发产品呈现出较为鲜明的传播特点。一是兼具人际传播、组织传播和大众传播的特性，一本图书不仅可以个人阅读，还可以作为“教材”供群体使用，更可以通过市场流通广为传播。二是单向传播，图书作品主要通过文字传播信息，作者通过图书或图书转化成的电子读物向受众传播思想，受众在接受知识的同时一般无法与作者及时互动。三是深度传播，图书相较电视、电影、广播等视听传播媒介更适宜传播思想内容复杂的知识，相较互联网更利于集中传播知识，图书的这种特性在对传统文化深度或系统化开发时优势明显。四是可以跨时空传播。图书具有实体或以内容相对固定的电子文件存在，不仅可以携带或传输，而且在此过程中能保持传播内容不变。综上所述，图书媒介自身在信息传播方面的优势为数字经济背景的传统文化图书开发奠定了基础，图书仍然是记录、传承传统文化的重要媒介，是核心版权开发形式。

7.1.1 传统文化图书开发的现状

党的十八大报告提出“建设优秀传统文化传承体系，弘扬中华优秀传统文化”的重要任务，习近平总书记在党的十九大报告中再次强调“文化是一个国家、一个民族的灵魂”“没有高度的文化自信，没有文化的繁荣兴盛，就没有中华民族伟大复兴”。国家对传统文化传承和发展的重视为传统文化图书开发带来难得的发展机遇，传统文化题材的图书也成为热销产品。

7.1.1.1 传统文化图书开发基本情况

传统文化图书开发的情况可以通过相关图书销售数据进行描述，以呈现相关产品的市场需求和销售情况。当当网是全球最大的中文网上购物商城之一，图书销售是该网站的核心及优势业务，其开展在线图书销售业务有20余年历史，是国内网络第一图书销售平台。当当网在图书销售方面的数据刻画出国内图书销售的基本情况。罗雪英和容再再以当当网为调研对象，对传统文化类畅销书的出版现状进行了分析，为本书把握数字经济背景下传统文化图书开发情况提供了有益借鉴。

根据罗雪英和容再再的研究思路，以2018年7月4日当当网截面数据为样本，在人文社科一级目录下选择了文化类别的图书，其中包含“传统文化”“民俗文化”“民族文化”等17种类目，共有图书65520种，不同类型数量分布情况如图7－1所示。此外，还有从不同角度梳理的数据，下文将引用分析。①

由图7－2可知，从图书主题上看，2017年畅销榜前300名的图书中，

---

① 罗雪英，容再再．传统文化类图书出版现状调研与分析：以当当网“传统文化”类畅销书为例[J]．出版与印刷，2019(2)：24－25.

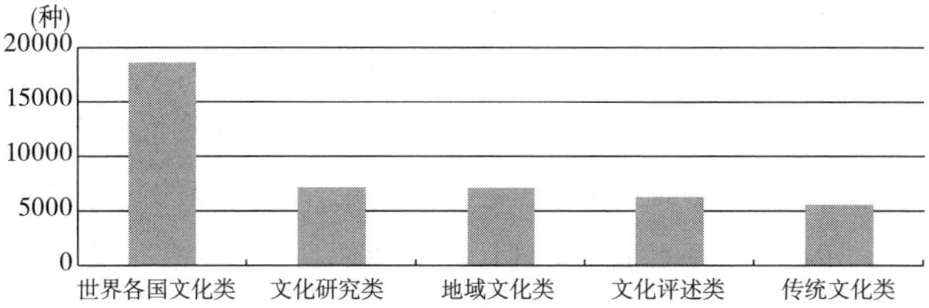

图 7－1　传统文化图书主要类别出版情况

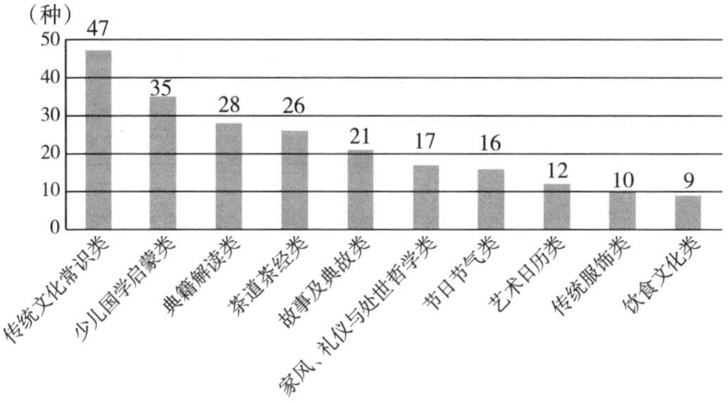

7－2　2017 年当当网传统文化类图书销量前 300 名分主题对比

总体上看 10 类主题之间虽然有差别但并未拉开较大差距，排名第一的传统文化常识类图书共 47 种只比平均数 30 种高出 17 种，比第二名少儿国学启蒙类高出 12 种。排名前 3 的主题图书板块贡献了超过 1/3 的种类。从上述数据可以看出，消费者对传统文化图书的需求较为多样化，既有“少儿国学启蒙”等学习类需求，也有“茶道茶经”等休闲类需要，更有“艺术日历”等实用性选择，其中最核心的需求还是学习类，占前 3 名的图书种类全部与学习有关。由此可见，学习用书是传统文化图书开发的重要主题，其次是休闲类图书和工具类图书。

从装帧设计上看，传统文化类图书充满了浓厚的中国味道。例如，中信出版社出版的畅销书《故宫的隐秘角落》，封面展现的是一幅故宫远景图，典雅的古代宫殿位于封面下方，封面上方大量留白到封面上方顶端，留白处填充象征清朝的亮黄色，一下把读者拉进以黄色为主色调的故宫建筑群。类似的装帧设计还有天蓝色与雪白色搭配的《吾国吾民》，清新淡雅中契合了作品朴实无华的行文风格。另外，还有些图书利用水墨画、古典手工艺作品、民间剪纸工艺、书法等中国古典文化元素进行装帧设计，如长江文艺出版社出版的《生活的艺术》，用中国传统纹饰作为水印底图，辅以艺术化的书法体表现的书名，在体现图书厚重内涵的同时充满强烈的文艺气息。还有一些图书属于近现代作家的作品，并且获得重要荣誉或社会声誉，已实现图书核心元素的品牌效应。

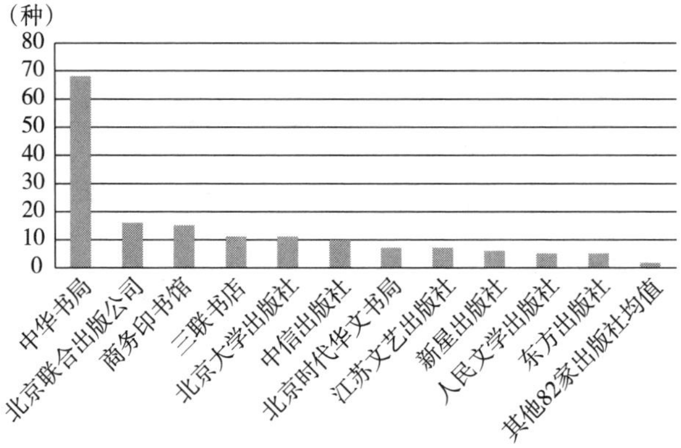

图7－3　2017年当当网传统文化类销量图书出版单位分布

通过对比图7－3可知，中华书局出版了68种图书，位列2017年当当网传统文化类图书销售前300名，占比超过1/5。中华书局作为出版企业，其经营理念就是传承和弘扬中华优秀传统文化，致力于向社会提供以中国传统文化为核心内容的优质文化产品，目的是让中华优秀传统文化深入人心并走向世界。从市场反应也能看出，企业呈现出发展的良好态势，成为行业中的领导者。从地域分布上看，排名前11的出版社中，9家位于北京，1家在上海，1家在江苏。北京在传统文化图书出版中的绝对核心地位彰显，也证明了北京作为中国政治文化中心的地位在发展图书业方面的重要影响。另外两家出版社位于上海和江苏，两地是中国经济发达地区，也印证了经济基础与图书产业之间的有效互动关系。出版社的分布还证明，全国传统文化图书开发发展极不均衡，有着丰富传统文化资源的河南、山东、湖北等都没有出版社上榜。

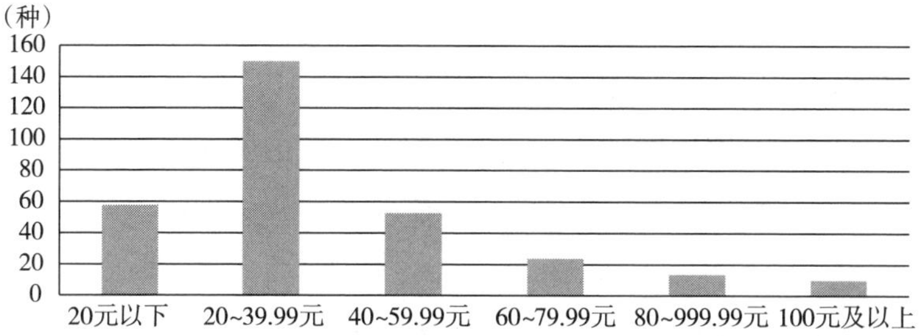

图7-4 2017年当当网传统文化类销量前300名图书定价情况

由图7-4可知，销量前300名的图书中20~39.99元区间最多，占比正好一半，这样的价格与非一线城市看一场普通电影的价格基本相当，说明传统文化图书产品在文化市场上具备相当的竞争力，而且作为一种大众传播媒介便于传播。另外，占比较高的是20元以下和40~59.99元区间，60~79.99元也有一定比例，说明传统文化图书销售市场稳定，产品层次较为丰富。此外，还有15种定价超过80元的图书，其中10种定价超过100元，说明图书相较其他的传统文化版权开发形态具有独特的竞争力，有创造高附加值产品的渠道和市场需求。

读者的年龄分布情况。在统计样本中，有2/3的读者无法掌握年龄，在1/3能掌握年龄的读者中，14岁以下儿童是消费的主要人群，这也和我们的实际体验相吻合。在现实生活中，14岁以下儿童属于幼儿园、小学和初中的适龄阶段，学校教育强调中华优秀传统文化的熏陶，会要求学生在课堂学习和课外阅读中加强相关内容涉猎，甚至会详细要求课外读物购买计划。青年人读传统文化图书符合教育规律，也为图书开发提供了重要的发展机遇，抓住儿童读者就是抓住了未来市场。但从数据上看，14~35岁的青年和35岁以上的读者对相关图书的消费占比明显下降。说明图书产业链建设得不够，并没有将自身在儿童受众中的优势地位保持下去，产品创新和运营模式有待创新。

综上可知，传统文化图书开发较为成熟与活跃，市场前景较好，主题多样、内容丰富，出版社特色化发展，其中不少已经形成自身的特色品牌。

7.1.1.2 传统文化图书开发产业发展趋势

自2000年以来我国文化体制改革稳步推进，传统出版企业引入现代企业制度，版权市场逐步构建起自由竞争格局，在市场的作用下，传统文化版权开发水平不断提升，产业特征逐步显现。

1. 主题聚焦传统文化传承传播，选题策划创新能力有待提升

中国的出版社相较新型媒体具有历史悠久、积淀深厚的优势，上文提到的畅销书出版企业大多创办于中华人民共和国成立前后，形成了浓厚的企业文化氛围。例如，中华书局成立已有百年历史，企业致力于传播中华优秀传统文化，近些年最具代表性的作品是“中华经典名著全本全注全译”丛书，也就是俗称的“三全”。2010年“三全”丛书开始出版，之后每年都推出新品，到2021年丛书的品种已经达到120多种，而且实现了码洋过亿，成为传统文化图书开发的扛鼎之作，代表了传统文化图书开发的产业发展水平。相比国外的图书产业，我国图书的选题策划能力有待提升。其不足之处主要体现在选题不够丰富、策划不够全面等方面，以国外圣经故事为代表的神话体系经过现代出版人的不懈努力和各类创作人才的努力，衍化创作出众多的图书版权作品。这些作品能够有机融合时代特征，不同年龄段的读者都能找到适合自己的作品。其进步体现在努力策划优秀选题上。近些年，在电子图书、儿童读物、历史典籍等方面涌现出不少选题和好的出版策划，相较以前确实有所进步。中国传统文化博大精深，我们耳熟能详的很多资源至今仍未找到恰当的图书开发形式，例如，儿童读物中的中国神话故事、快餐式的读物占领市场，以满足阅读要求的目的，在追求短期利益的同时，忽视了对神话故事的系统性开发，缺少全方位、深层次的中国传统文化图书开发规划。

2. 出版社与读者之间的互动更加密切，用户黏性有待加强

自数字经济快速发展以来，图书销售渠道发生了颠覆性变化，城市书店的图书销售职能逐渐被读者多元的需求冲淡，城市书店逐渐成为人们文化休闲和社交的场所，网上商城成为图书销售的主要渠道。在网络售书时代，读者购买之后有畅通的渠道反馈对图书的评价，当当网有些畅销书页

面下方会出现上千条评价，出版商和作者比以往更容易了解读者的客观评价。出版社在线上销售的同时，也会广泛策划线下读者见面会等人际传播场域，并在互联网与读者密切互动，以此营造出版话题，带动图书销售，实现出版商、作者和读者之间的互动，读者的评价为图书优化再版提供了重要参考。例如，《故宫日历2018年》一经发售就广受好评，在网络评价中既有“每一页都是故宫博物院内经典的珍藏，大开眼界”“故宫的经典文创，实用美观，值得收藏”这样的正面评价，也有类似“日期下面的记事栏再稍微多两三行就好了”“如果加些节气、皇历、民俗知识之类的就更好了”的建议①。出版社、作者和读者之间的良性互动为不断优化出版策略带来了有益帮助。

3. 市场越发细分，读者需求越发多样

图书行业属于文化服务业范畴，近些年服务业是我国发展的重点产业，例如，酒店、饭店、互联网服务等行业逐渐形成充分竞争的态势，产品越做越多样，客户越来越细分，这种细分市场的现象是产业发达的表现。图书行业在市场细分上有较大进步，无论从图书种类还是从装帧设计上看，图书出版中已经存在细分受众的趋势，但分得还不够细。对目标受众的细分可以从性别、年龄、受教育程度、所在区域、阅读爱好等方面展开，细分的结果就是图书出版产业链条的复杂化。例如，以儿童为目标读者的传统文化儿童读物就要细分到幼儿、少儿、少年等不同阶段。在选题策划时，根据不同年龄段儿童的阅读特点在内容二次创作、表情达意符号系统、装帧设计、销售渠道、上架提醒等方面做细致的研究，以达到目标市场明确、产品适用性强、读者接受度高的目的。目前，在传统文化图书开发中，市场竞争越发激烈，充分自由的市场竞争环境会不断促进市场运营机制的完善和成熟。

4. 融合出版模式显现，产品形态有待丰富

随着数字技术在传统出版产业中的广泛应用，数字出版模式对图书产

① 罗雪英，容再再. 传统文化类图书出版现状调研与分析：以当当网“传统文化”类畅销书为例[J]. 出版与印刷，2019(2)：29.

业发展的推动作用逐渐显现。数字技术在出版过程中，以图书信息数字化为基础，通过对信息的处理实现传统图书跨媒介、跨屏幕的无障碍传播，强调的是图书内容的数字化、图书生产工具和过程的数字化、图书传播载体的数字化和阅读消费的数字化。目前，数字出版对传统出版的影响巨大，尤其在产品层面已经形成电子图书、数字报纸期刊、网络文学、网络教育读物、网络地图、数字音乐等多种新的业态。融合出版是在数字出版的基础上将数字技术、传统出版与现代传媒之间进一步融合，主要体现在全媒体出版、“传统出版 +”、关系出版等三个方面。全媒体出版主要指图书传播符号的多样性和传播渠道的立体化，全媒体出版的图书综合利用文字、图片、声音、影像，甚至光电技术等手段，通过网络、特定场所、实体书店等渠道立体化销售，以实现一部作品全媒体立体同步传播的目的。“传统出版 +”指的是融合出版业态下图书出版盈利模式的创新，一部图书的盈利不仅仅局限在出版界，不单靠从图书本身的销售中获利，而是使跨界传播成为常态。一部图书的出版可能带动一个文化产业链条，将图书的影像渗透进不同产业或相邻产业。关系出版主要指图书发行过程中的新变化，传统出版发行渠道集中在大众传播媒介，一般通过书店、发行商、广播电视媒体进行宣传铺货，关系出版通过微信等社交新媒体，结合朋友圈分享、订阅号、线下分享线上互动等形式实现图书出版发行的人际传播和组织传播，在越来越细分的市场环境下，图书发行能够准确地面向目标读者。

从当前传统文化图书开发呈现的特点不难发现，数字技术和数字经济对传统图书出版模式产生了巨大影响，从图书选题策划到出版发行都融入了数字和互联网技术，数字经济也成为传统文化图书出版的核心。

7.1.2 传统文化图书开发策略

互联网技术的普及和发展，极大地改变了包括图书产业在内的传统产业的发展模式，新经济模式逐渐成形和发展形成了数字经济。数字经济推动了生产要素跨区域、跨产业整合，影响图书产业融合和媒介融合，为数字经济背景下的传统文化图书开发在内容生产方式、出版模式、市场运营等方面带来革命性变化。

传播学的开创者拉斯韦尔指出，传承社会遗产是信息传播的主要功能之一。作为传统传播媒介的图书也应该承担起传承遗产的重要责任，而传统文化就是社会遗产的组成部分。数字经济与图书开发的结合是数字出版，数字出版可以从内容生产、呈现、传播再到消费等全产业环节助力信息传播，助推图书出版占据信息传播的主阵地。

7.1.2.1 数字经济推动传统文化图书开发内容生产创新

随着数字经济的快速发展，互联网媒体给包括图书在内的传统信息传播媒介带来巨大冲击，在互联网海量信息面前，不进则退，需要通过创新内容生产提高竞争优势。也就是说，数字经济推动了出版行业向竞争行业转变的进程，在激烈的竞争下，传统文化图书出版更加重视选题策划和回应市场需求。传统文化图书出版需要在市场上吸引受众的注意力，要想将受众的注意力从新媒体上转移过来，必须有足够吸引人的内容。到目前为止，传统文化图书开发中产业的人才积累和深度题材传播是其竞争优势，这些优势需要通过精心的选题策划来实现。例如，地方或行业出版社发挥地域或专业优势对熟悉的传统文化的数字化策划，或者利用出版企业长期的资源积累实现的再创新。中原传媒地处河南，在长期的经营中扎根中原大地，对中原传统文化了解颇深。中原传媒在礼乐文化、儒家文化等方面策划了一系列选题。在数字经济环境下，信息传播呈现精准化的特点，为传统文化图书开发满足读者个性化需要提供了可能。传统文化版权开发以满足人民日益增长的文化需要为根本目的，以手机、个人电脑为代表的新媒体是人们最常使用的信息接收媒介。数字经济下，传统出版企业及时满足产业需求，利用数字技术开发出数字出版物，利用互联网社交媒体进行产品销售，不仅实现了运营业态的转变，而且满足了读者多样化阅读的需要。同时，数字经济下互联网的全球链接功能充分实现，带动了传统文化图书的海外传播，如中南传媒“经典国学之中华美德”系列动漫视频版权输出欧美①。

---

① 丁丽，孙晓翠．数字出版视域下中华优秀传统文化开发研究［J］．中国编辑，2020（12）：69.

7.1.2.2 数字经济推动传统文化图书开发方式创新

著名传播学者麦克卢汉“媒介即讯息”的著名观点在现代电子信息技术的发明、发展和普及中被反复印证，媒介自身的特性将决定和影响信息传播。在数字经济背景下，信息符号、传播渠道和消费习惯等随着数字科技的研发与应用发生了翻天覆地的变化，对传统文化图书出版形态和产业格局产生了深刻影响。在传统模式中，图书内容创新和生产方式创新两个图书开发的核心环节相对独立，内容创新体现在文字创作上，生产方式创新体现在图书制作生产力提升上。在数字经济背景下，科技元素比以往更快、更深刻地融入图书开发中，新的媒介与信息符号对图书内容创新和生产方式创新产生极大影响，数字技术需要在两个环节协同运用，需要将原本独立的两个环节统筹起来考虑，在内容创新的同时完成生产方式创新。例如，不少传统文化图书，在产品开发时就考虑到互联网媒体传播需要，按照全媒体传播形式组织内容，内容生产的结果就是不同媒介产品体系化的呈现。另外，数字技术的应用贯穿整个产业链。近些年来，大数据、云计算虚拟现实技术等数字技术广泛应用于大众传播，对图书开发也产生影响。传统文化版权开发的数字化涉及生产工具数字化、产业信息数字化、产品整合数字化、销售服务数字化等方面，数字化带来产业革命，也为传统文化图书畅销提供了内生动力。岳麓书社成立于20世纪80年代，以古籍出版为特色，并在这一领域积累了优质的资源。2016年，岳麓书社紧盯数字经济发展趋势，推出了四大名著数字版，邀请表演艺术名家录制名著全文音频，同时邀请古典文学研究专家录制相关的解读视频，通过微信、手机App等媒介向受众传播，用传统文化和现代数字技术激发出经典名著的市场生命力，在初步尝试获得成功之后，还增加了VR体验等内容，一时间成为传统文化图书市场的爆款产品。

7.1.2.3 数字经济推动传统文化图书生产要素市场化

社会主义市场经济的核心思想是市场在资源配置中起决定作用，通过促进要素在市场中的自主有序流动提高要素配置效率，从而更好地激发全社会的创造力和市场活力。虽然我国图书产业市场化改革已基本完成，但是图书市场相对封闭，竞争不够充分的问题依然存在，生产要素不能得到高效配置。在数字经济背景下，互联网平台迅速普及，电子商务成为核心商业模式之一，这也为图书产业市场化改革带来了机遇，进一步促进了生产要素市场化。通过数字化运营不仅凸显了优质传统文化 IP 的价值，而且实现了经营方式创新。面对大数据技术，在充分的市场信息供给下，图书质量和价值客观清晰呈现，出版商之间的竞争越发激烈。传统文化图书开发通过数字出版形式在不同领域和平台运营，凸显了对优质传统文化 IP 的依赖，加上我国版权制度不断完善，为版权市场有序运营奠定了良好基础。另外，数字经济促进市场要素配置效率提高。数字经济对市场要素配置的影响主要通过提升信息透明度、改变产业链运作模式实现。传统文化图书开发在市场环境中，要靠产品销售实现盈利，图书运营方要密切关注影响效益的各要素，在图书开发过程中一方面遵循国家对图书产业在文化事业中的功能定位与产业要求；另一方面按照市场规律经营，通过数字经济可以实现两者在博弈中的互构，既实现了社会价值，又实现了经济效益。

7.1.3 传统文化图书开发模式

数字经济推动了产业融合与媒介融合，也深刻改变了传统文化图书开发模式，从资源筛选到数字化开发，再到“图书开发 + 互联网”对产业链条的延伸，都体现了数字经济对传统文化图书开发的影响。

7.1.3.1 传承传播优秀传统文化，精选开发对象

中华文化源远流长，代表着中华民族独特的精神标志，我们要加强对中华优秀传统文化的挖掘和开发。

从内容上看，选择传统文化资源要剔除传统文化虚无主义、传统文化复古主义和传统文化功利主义三方面内容。① 传统文化虚无主义一般是指在网络舆论场上伪“公知”“大 V”等“意见领袖”对支撑我国制度自信、文化自信、道路自信、理论自信的优秀传统文化、革命文化、社会主义先

① 从艳姿．出版对中华优秀传统文化内容的选择[J]．中国编辑，2020(12)：74.

进文化选择性抨击的虚无行为。与此相对的还有传统文化复古主义，一般是指在对中国传统文化的肯定中对现代文化的否定行为，虽然看似与传统文化虚无主义针锋相对，两者带来的不良结果却很相似。传统文化功利主义是指在市场经济条件下，有些人受利益驱使将利置于礼之前，并由此渲染传统文化中市场价值取向内容，最终导致市场价值在社会中泛化的行为。虽然中国传统文化对实证分析一直不够重视，与现代市场管理理念有不契合之处，但是中国古代思想家们也重思辨与义理。所以面对纷繁的中国传统文化，取其精华去其糟粕是图书开发的前提条件。

从可开发性上看，中国传统文化包含内容丰富，既有古典文学作品等文化思想性内容，也有民俗传统技法等非物质内容，在图书开发中要遵循市场规律，选择那些能够实现经济效益与社会效益双丰收的内容。例如，中国古典名著、绘画等图文内容尤其适合图书开发，传统习俗、茶道等涉及热门日常生活的内容可以作为传统文化工具书或通俗读物开发，同时也有一些内容不适合图书开发。不适合图书开发的内容中主要是不适宜文字和图片静态传播的内容以及受众面小的内容，例如，杂技、戏剧戏曲等，图书开发大多作为教科书等内容，市场化普及不太现实。又如，涉及中国少数民族中人口极少民族的语言文字知识读本，虽然具有较强的文化传承功效，但是由于文字障碍或文化距离障碍，并不能很好地实现广为传播的目的。据此，在市场经济条件下，传统文化资源的可开发性也是需要重点考虑的问题之一。

在内容筛选之后的内容开发方式选择上，针对传统文化的图书开发一般包括经典的再整理、常识的再挖掘、技艺的再开发等三个方式。经典的再整理主要是指历史上古圣先贤的著作中具有权威性、典范性的，能够超越时代限制的典籍，以及古典的传世通俗类读物，前者的代表如《论语》，后者的代表如“四大名著”。这些经典 IP 都是中华民族的重要思想和文化载体。常识的再挖掘是指对传统知识性内容传播方式的再创新，包括节气知识、成语、谚语等，此类内容是古代先辈在认识世界的过程中经验和智慧的结晶。技艺的再开发主要是指对传统技能性、技巧性知识内容的现代性呈现，例如，传统茶艺知识、养生知识、健身技法等，这些内容是古人生活智慧的结晶。

7.1.3.2 立足产业需求数字化转型，守住基本盘

传统文化图书开发数字化转型既是时代要求也是产业发展方向。随着数字经济背景下大众传播媒介和传播形式发生深刻变革，传统文化图书开发稳固了产业地位也推进了数字化转型，党的十八大以后进入快速转型发展期，2017 年中共中央办公厅、国务院办公厅印发《关于实施中华优秀传统文化传承发展工程的意见》。

首先，在公益性和专业性传统文化图书开发中，数字化技术推动资源库建设。公益性的传统文化图书开发以发现、保护和传承传统文化资源为主要目的，其开发活动以实现社会效益为主、经济效益为辅，公益性图书开发的主体是古籍数字化整理。古籍是中华民族历史和思想的载体，对它们的利用和保护就是对传统文化精髓的传承。以计算机和互联网技术为代表的数字技术的发展为古籍整理带来技术变革，数字化推动古籍版本库和专题库建设。我国自 2013 年以来陆续出版的代表性古籍文献有点校本"二十四史"的《史记》《新五代史》等，凤凰出版社出版的《文选旧注辑存》、中华书局出版的《酉阳杂俎校笺》等，此外还有少数民族古籍、医学类古籍等也有问世。出版社在按照传统方式出版古籍的同时，也面向普通读者进行了普及性数字化开发工作。例如，《汉书》《三国志》等古籍，再版之后开发出有声版本，丰富了图书的传播方式，扩大了图书的传播范围。在有关传统文化传承的理论性知识的传播方面，图书开发展现出明显的优势，为数字化背景下传统文化图书开发提供了理论支撑。

其次，在普及性传统文化图书开发中，数字技术提供了跨媒介传播的有力支撑。普及性传统文化图书开发涉及一般性普及读物、教育配套类读物和面向海外市场的读物等。普及性传统文化图书开发是实现经济效益的主要途径，一般性普及读物是主要内容，涵盖节日、民俗、古文、诗词、小说、音乐等，内容丰富且与人们的生活联系紧密。例如，针对成年人的《大学》《中庸》《论语》《孟子》等经典作品普及版本、《中华文化十万个为什么》等综合性普及读物，以及《中华启蒙经典》等学龄前儿童读物

等。教育配套类传统文化读物面向义务教育和高中、大学阶段的学生，一般包括古籍经典、民俗文化与艺术、汉字文字知识、古代艺术等内容。面向海外市场的读物是中国对外展现软实力的重要内容，也是增进海外国家对中国了解的重要媒介。在传统文化图书“走出去”的过程中古典名著、节日民俗、中医保健、武术、书法等都是时常涉及的题材。在数字经济背景下，普及性传统文化图书在开发时就融入数字化思维，无论是图书生产、策划还是图书销售，都在数字化概念下运营，例如，与图书配套的电子版本、有声版本，甚至图文版本等，数字化手段的广泛应用有效促进了传统文化图书的国内外传播。

7.1.3.3 深度融合互联网产业，延伸产业链条

互联网技术的快速发展与广泛应用极大地改变了商业形态，逐渐形成数字经济模式，其中对传统文化图书开发的影响体现在“融合出版”样态的形成和发展上①。

从概念上看，融合出版源于媒介融合的思想。媒介融合概念是伴随数字化技术与互联网思维深刻改变传统媒介生态而产生的新认识和新理念，强调在信息全球化的背景下，不同传播媒介间在信息制造、传播中的全方位的交叉渗透，凸显数字技术和互联网思维对传统媒介边界的重置，对信息传播思维的重建。中国传统文化图书的融合出版经历了一个动态变化的过程，是基于数字技术发展的一场产业革命。从技术上看，融合出版推动了图书开发革命，涵盖信息制作技术、信息传播技术、互联网技术、新媒体技术、媒介融合技术、云计算技术等，各种新技术间呈现交叉融合、协同发展、共建共生的融合状态，融合出版活动参与方在新环境下，在各种矛盾的作用下，呈现螺旋式发展状态。归根结底融合出版是图书出版产业为融入数字经济而进行的一场涉及图书开发者、读者、市场三方，涵盖图书开发技术、传播媒介、传播平台、传播内容、经营理念的产业革命。

融合出版理念对传统文化图书开发的影响主要体现在内容生产、出版发行和产品销售等三个环节。数字出版平台是图书出版界广泛应用的一种

---

① 曹继东．基于数字化技术与互联网思维的“融合出版”[J]．科技与出版，2014(9).

模式，广泛应用于学术出版领域的中国知网等就是较典型的例子。中国知网数字出版平台、万方数据知识服务平台、维普资讯等较早涉足期刊数字出版领域，目前已经成为国内重要的数字学术资源数据库，为传统文化研究者和相关读者提供了重要的信息来源与发布空间。另外，在学历教育服务中，教育出版选择 MOOC 作为跨界传播中的数字出版新范式进行革新和尝试。在国家相关部门牵头推动下，规模庞大的网络开放课程库逐渐成形。目前，这些网络课程极大地丰富了大学生的学习资源库，传统文化内容通过其中的通识教育课板块有效传播，实现了课程的整体数字出版和传播。关系出版模式的诞生、发展和成形是出版发行方面对融合出版理念的实践，其特征是传统图书出版环节与新媒介人际传播模式之间的互动与融合，形成了社交发行的数字经济图书发行模式。关系出版的雏形是源自互联网媒体“人人网”的社交传播，通过在人人社区中发挥意见领袖作用，“制造”社区话题，扩大图书发行范围和知名度，从而实现基于人际关系的社交发行。随着手机等新媒体的普及，“微信”等移动社交新媒体成为互联网中的“顶流”平台，谁能通过这些社交平台抓住受众注意力谁就完成了信息传播。通过微信、微信朋友圈、订阅号等社交网络平台的社交发行实现的社群图书发行是关系出版模式的新形态，这种新形态的成形标志着关系出版模式基本成熟，既满足了用户碎片化、随身化阅读需要，也实现了图书传统媒介与互联网新媒体之间的有机融合。线上线下一体的图书销售模式是产品销售方面对融合出版理念的实践，是与网络社会消费行为和理念的无缝对接。当当网是国内互联网图书销售的龙头企业，销售商和用户可以通过网络平台实现 24 小时交易，这种全天候的商业模式不仅对传统图书购销系统产生颠覆性影响，也呈现出现代网民新的消费行为特征。2012 年上海大众书局福州路书店开启实体书店 24 小时营业模式，成为线上线下融合销售模式的实践，并以此为开端探索破解传统实体书店发展难题的路径。

在数字经济背景下，传统文化图书要借助数字技术深度融合互联网产业，延伸产业链条。一是传统图书开发平台与互联网平台的融合发展。在数字经济背景下，原本作为优势的传统出版介质、平台、终端都转变成了劣势，图书纸张可数字化程度较低，优质内容不宜与互联网平台结合，就需要通过客户端平台、电商平台、微信社交平台进行产品再开发，促进产业转型升级。例如，中南传媒与中广传媒开展的战略合作，通过移动客户端平台和App应用搭建推广电子书包等应用系统业务，实现了传统图书的数字化网络传播。新华社通过推广新华视线等互联网视频产品进一步激活了传统信息供应商在互联网空间的生命活力。二是传统图书与现代新媒体终端的融合发展。互联网时代，屏幕是受众接受信息传播的重要媒介，手机屏幕、电脑屏幕、户外屏幕等吸引了大部分受众的注意力，用户则利用碎片化时间接受信息。图书相较视听作品最大的优势是深度阅读，新媒体是视听作品传播的优势媒介，虽然其挤占了图书传播空间，但是无法剥夺图书的根本优势。传统图书可以充分借助数字技术融入新媒体传播矩阵，例如，构建实体端与移动端、个人电脑端、手机端等同步融合的终端体系，打造线上线下一体多元的内容传播渠道，方便用户随时随地阅读，形成一套内容、多种媒体、系统化传播的全媒体出版模式。三是传统图书依托版权制度掌握核心资源。信息传播符号纵然千变万化，其内核与本质还是人的知识与创意，版权是保护知识产权的重要制度安排，为传统文化图书创新提供保障，注入动力。图书版权依托内容产品创造形成版权，通过版权市场化运营机制拓展产业发展空间，创造新的利润增长点。例如，近些年来，广西人民出版社突出特色化发展思路，打造以“爱情”为主题的集版权创造、图书推荐、线上阅读、版权运营为一体的新型文学网站“麦林文学网”，通过良好的运营，逐渐成为版权生产和运营的网络平台。广西人民出版社出品的《如果可以这样爱》《爱·盛开》等文学作品，通过平台运营实现了影视版权收益，其他一些版权也将盈利范围从传统图书拓展到动漫授权、手机应用、电子阅读等领域，成功拓展和提升了传统图书企业的版权运营范围和能力。

7.2　数字经济背景下传统文化的视听作品开发

如果说图书出版是传统文化版权开发的传统优势产业的话，视听作品开发则是传统文化版权开发进入数字经济时代以来的核心命题，在文化信息传播进入融媒体态势下，视听符号具有显著的传播优势，不仅生动形象，而且更适合跨媒体、跨屏幕传播。数字经济背景下，传统文化视听作品开发主要包括电视节目、影视作品、电视纪录片，这三类内容既体现出鲜明的数字化特征，也面临传播问题，挑战与机遇并存。

数字经济背景下的传统文化视听作品开发主要体现在传播系统更加开放、传播效果更加立体、传播过程更具互动性三个方面。数字经济与数字技术、互联网技术普及与发展密切相关，两者又共同推动了视听传播系统的变革。数字经济时代媒介融合态势彰显，视听作品在不同媒介间跨界整合、资源共享，在传播系统中呈现显著的流动性和系统性特征，促进各作品在不同媒介平台间同时传播或有计划地梯次传播，或者同一个作品经过不同的包装和改造在不同平台传播。例如，近些年流行的抖音和快手等短视频平台，为广大受众提供了全新的传播媒介和传播体验，视听作品在广为传播的同时迅速被改编再创作形成新的热点。数字经济时代视听作品呈现形式更加丰富多彩，更立体化。随着数字技术手段的不断进步和互联网基础条件的完善，智能化新媒体信息技术被广泛应用于生产环节，人工智能、VR、5G 等复杂而传播效果明显的技术进一步彰显了视听传播的优势，新技术构建起视觉、听觉，甚至感觉的一体化传播模式，进一步增强了视听作品传播的真实性。在数字经济背景下，大数据是媒体经营策略选择的主要依据，海量的视听资源和丰富的传播平台使信息传播在互动中呈现鲜明的个性化特征。受众独立表达的意识相较传统媒体时代有明显变化，受众逐渐明白媒体行为的目的，也逐渐清晰传播者和自己之间的关系，受众思辨能力更强、话语意识更强、信息接受品味更加多元，更愿意参与媒介互动，更想在视听作品传播活动中有所作为。

数字经济时代传统文化视听作品开发和传播活动在给人们带来便利的同时，也存在一些问题。首先，海量信息和全媒体传播带来的碎片化现象，会割裂传统文化的整体性。我国传统文化博大精深，视听作品呈现了中国精神和中国价值。广受人民喜爱的短视频加速了传播的碎片化，形成“选择性阅读”行为，影响受众从整体角度系统把握作品内涵深意，从某种意义上讲，会使经典作品的价值大打折扣。其次，网络视听作品“小、快、奇”的特点容易造成受众对传统文化的误读和误解。人们的文化水平参差不齐，极易产生对传统文化的碎片化解读和误读。最后，受数字经济运行节奏快的影响，传统文化视听作品开发也存在短视行为、创新局限的问题。实现传统文化的创造性转化和时代性传承是媒体人的责任与义务，作为市场经济的产物，视听作品产业肩负实现经济效益和社会效益的双重责任。面对机遇和挑战并存的传统文化视听作品开发市场，坚持经济效益和社会效益两手抓的产品开发策略是必然的选择。

7.2.1 传统文化电视节目开发

视听作品中的电视节目一般指除电影和电视剧作品之外，电视台围绕某一主题制作视听内容，一般包括电视综艺节目、电视专题节目等类型。近些年来，中国电视媒体注重将原始节目创新与中华优秀传统文化传播结合起来，国内电视市场上涌现出《经典咏流传》《百家讲坛》《国家宝藏》《朗读者》等一批传统文化电视节目，它们的成功为传统文化电视节目开发积累了宝贵的经验。传统文化的电视节目开发打破了内容传播的文化壁垒，通过数字技术实现现代化转码，形成传播内容的竞争力，最后利用新媒体与传统媒体的整合传播手段提高传播效果，进而在全媒体层面塑造节目品牌，形成专属 IP。

7.2.1.1 传统文化视听化创新与受众需求的结合是开发的起点

我国电视行业已经基本完成市场化改革，实行三级办台体制，电视台是电视节目制作的核心主体，既是国家事业单位也是市场化主体，肩负信息传播中社会效益和经济效益的双重使命。自党的十八大以来，国家高度重视中华优秀传统文化，人民群众也呈现强烈的优秀传统文化传承自觉性。通过电视节目创新传承和传播传统文化、满足广大人民群众的精神生活需要是电视事业发展的必然要求，在传统文化电视节目创新实践中做到社会效益和经济效益的双丰收是最佳的创新路径，面向受众需求的传统文化内容传播视听化是节目创新的起点。

第一，对受众需求的把握。随着经济社会的不断发展，人民群众对精神产品的需求越发强烈，而传统文化电视节目供给水平明显不能满足需求。电影市场早于电视市场印证了受众渴求传统文化视听作品的显现，例如，好莱坞电影作品中中国元素的呈现为电影票房带来的成功，如动画电影《功夫熊猫》系列、《花木兰》等。之后在国家引导下，中央级电视媒体开始围绕传统文化主题进行电视节目创新，如《国家宝藏》《典籍里的中国》等。在互联网媒体上，传统文化短视频与数字经济完美融合，“李子柒”红遍大江南北。这一系列媒体事件说明，传统文化传承逐渐成为中国老百姓的集体自觉，优秀传统文化内容以视听化方式呈现，将很容易被公众接受，传统文化电视节目面对的是一个广阔的待开发市场。例如，电视节目《经典咏流传》，定位是弘扬中华优秀传统文化，节目利用“咏”的手段，将诗词进行音乐化改编，内容兼顾老人、儿童等不同年龄段喜爱诗词的观众，在忠于诗词历史的同时，用现代旋律进行传唱，突出现代审美，满足了观众茶余饭后精神生活的需求。

第二，选择最适合的传统文化内容以最佳手段进行视听化呈现。中华文化博大精深，门类多样，内涵丰富，受到传播门槛限制，只有部分内容适合视听开发和大众传播。电视节目的主要传播载体是电视，在传统文化开发对象选择上主要考虑两点因素：一是内容要适合视听化，视听符号的特长是信息传播的形象化，不擅长传播思想过于深邃、逻辑过于复杂的内容，适合传播具有视觉冲击力、有情节或故事性的内容。二是内容要适合大众传播，电视媒体是大众传播媒介，内容要符合大众审美情趣和价值观，要能够被大多数人认可和接受，不适宜传播过于小众或存在较大争议的内容。近些年来较为成功的传统文化电视节目主题都是积极向上，都是群众基础较好的题材内容。在确定好传统文化电视节目开发对象之后，还要按照受众审美情趣精心策划视听化节目。美国学者米尔佐夫指出，“新的视觉文化最显著的特征就是原本不具备视觉性的事物逐渐视觉化的趋势”①。传统文化的视听修辞是对先人精神世界的现代解读，也是传统文化传播适应现代社会信息传播表意性、阐释性、表演性转化的实践活动。例如，广受好评的传统文化节目《国家宝藏》，以国家传统文化的重要载

① 顾亚奇．传统文化觉醒：符码体系与视听场域的再生产［J］．中国电视，2021（7）：30.

体——“文物”为对象，将电视纪录片和综艺节目融为一体，以历史重现、记忆激活、文化弘扬等为主题，通过视听手段在没有生命的文物身上激发模仿性记忆、对物的记忆，重构历史与现实的交往体验，将传统文化视听化呈现，取得巨大成功。

7.2.1.2 视听语言的现代化转码是传统文化有效传播的保障

传统文化是人类现代文明的基础，文化知识、地域差异和历史演变虽然带来传播屏障，但是无法割断传统与现代之间的内在联系，解决联系与屏障二元矛盾的方式就是传统文化现代化转码，具体到电视节目就是现代化的视听语言转码。数字经济背景下，电视节目在传统文化传承和传播方面的优势在于影音节目传播的无损化复制与全媒体传播，制作好的电视节目可以在电视、电脑、手机等屏幕上跨屏流动，观众能够在丰富的时空场域下自由地享受节目带来的视听体验，形象化地生动领略传统文化的无穷魅力。观众观看传统文化节目一般有了解新鲜事物、满足视听享受、丰富知识等目的，所以在视听语言转码过程中，为满足受众需求，需要用视听手段凸显不同传统文化内容，利用好电视节目独有的现场舞台、主持人、灯光音响等元素，营造好视听呈现场域，利用多种手段做好传统文化的现代阐释。

第一，基于地域文化差异的传统与现代的对话要营造共情氛围。传统文化作为精神世界的产物，受自然资源、物质条件和经济基础影响，呈现鲜明的地域性和民族性特征。俗话说得好，“千里不同风、百里不同俗”，厚重的人文风貌在历史的沉淀下形成了传统文化。在现代社会中，观众的受教育程度大幅提高，对中国不同地域传统文化知识普遍有一定积累，对不同历史时期的文化情景有心理基础和了解期待，这些都为传统文化电视节目传播中的共情氛围营造奠定了基础。2021 年在河南卫视推出的系列节目“中国节日”中，能够发现节目组对唱响中原地域文化的期待。河南地处中原，是华夏文明的主要发源地，其历史遗迹众多，传统文化底蕴深厚。舞蹈《唐宫夜宴》创作灵感源于 1959 年河南安阳出土的隋代乐舞俑，作品讲述了一千多年前，一群体态丰腴的舞者前往皇帝夜宴表演途中发生的趣事。此节目原本是郑州歌舞剧院的舞蹈作品，曾入围第十二届中国舞蹈“荷花奖”古典舞评奖终评，因2021年2月在河南卫视春晚演出走红。在由纯舞蹈艺术转化为电视舞蹈节目的过程中，综合利用了5G、AR技术，将虚拟现场和现实舞台相结合，呈现了震撼的视觉效果。节目的五小段内容引人入胜，形成历史与现实的对话交融。首先，在博物馆中定格；其次，将远古乐俑活化，在花园中嬉戏穿行；再次，夜幕降临少女们先是在整理妆容中展现个性特点，接着走上夜宴，为我们展现了完整的演出；最后，演员定格重新化作历史人物，逐渐远去。整个演出宏大的盛唐景象为观众带来一场梦回唐朝般的传统文化盛宴，也在网络上掀起穿越热潮。

第二，电视节目中传统文化的视听化呈现要发挥媒介优势。以电视手段展现传统文化有先天的声画双通道传播优势，其中不同的内容与不同的电视节目形态之间也有优势特点匹配关系。在数字技术普及之前，历史遗存和文物古迹展示受制于厚重的题材基础，往往采用电视纪录片的形式展现。当下数字技术普及，电视呈现技法也有了创新，采用综艺晚会的节目形态，通过视听语言创新呈现的全新符码极大地增强了信息传播的立体感和感染力。数字经济背景下，传统文化视听化传播优势主要体现在三个方面。一是传统文化电视节目可以综合利用戏剧、舞蹈、音乐等多种艺术形式进行视听化转码、演绎，更加全面、生动地展现传统文化形与神，全方位呈现传统文化之美，使观众在身心愉悦的氛围中接受传统文化传播。二是传统文化电视节目可以极大拓展传统文化传播载体空间，通过电视节目平台可以引入不同的艺术表现手法拓展传播的艺术空间，通过运用新技术拓展传播的媒介空间，通过引入除演播厅以外的视听内容拓展节目空间，在空间拓展过程中可以编排出穿越历史、新奇梦幻等情节和效果，极大地彰显传统文化的生命活力。三是传统文化电视节目可以发挥人际传播、组织传播和大众传播的复合效应，扩大传播效果。电视节目以电视台为母体，借力电视台积累的影响力实现高效率传播。电视节目一般由主持人主持，在规律性播出过程中形成观众收视习惯，与观众建立情感联系，形成忠实的受众群体。例如，河南卫视“中国节日”系列节目，通过河南卫视“搭台”，传统文化“唱戏”，在河南卫视这一具有全国影响力传播平台的助力下，节目一经播出就实现较大的收视率，迅速走红。综上所述，传统文化电视节目开发要在媒介优势基础上厚积薄发，发挥视听元素的优势，实现更好的传播效果。

第三，在传统文化电视节目开发中要体现“和美”思想。传统文化作为中华文明的瑰宝其价值毋庸置疑，但其深刻、复杂、多样的精神内涵在发人深思的同时也会产生思想碰撞，所以在还原历史和进行现代阐释之间要找到一个平衡点，尽量能够满足不同年龄、不同社会阶层、不同知识结构观众的审美情趣。在现有优秀传统文化电视节目的实践中，常用的现代阐释思路有三个值得借鉴。一是抽象精神的具象表现。传统文化得以流传的关键是其精神活力，是蕴含其中的哲理性思想，要充分展现传统文化，需要把抽象的思想内核具象为视听语言，例如，人物形象、肢体动作、面容装扮、服装道具等，从而将精神冲击转化为视觉冲击效果。二是将静态化内容串联成动态展现。受时空限制，传统文化遗存的主要形式是静态的，并不适合视听化展示，所以电视节目需要变静为动，如取材于敦煌壁画、古典宴乐绘画作品灵感的古典舞蹈等，通过传统文化元素的再现和重组实现了现代化表达。三是变单一为复合。传统文化表情达意的方式大多比较单一，但内容却丰富多彩，意会形式极其复杂。现代化的电视节目运用多种视听方式可以将这些内容通过数字化方式展现，特别是对历史场景和内容的情景再现，可以展现特写、远景的不同场景，运用音乐、对白、色彩等不同形式实现拟人化、情感化等表现目的，达到复合化的表达。

7.2.1.3　媒介整合传播为电视节目品牌化运营创造条件

目前，数字经济正影响经济社会发展的方方面面，在数字经济带动传媒市场资源要素充分竞争和自由流动的过程中，品牌是最核心的传媒市场资源之一。作为传媒市场核心组成部分的传统文化电视节目，品牌化发展是其做大做强、培育和彰显自身价值的必由之路。数字经济下传媒市场竞争激烈，尤其是深度融合互联网信息技术的新媒体给传统文化电视节目品牌化运营带来新的挑战和机遇，挑战源于传播方式、技术和传受关系的变化，机遇在于变革中的激烈竞争优胜劣汰产生新的经济增长点。传统文化电视节目传播的传统主渠道是电视台和电视网络，随着时代的变迁，一代又一代年轻用户不断成长为主要受众，他们的媒体使用习惯发生很大变化，传统电视观众流失严重，互联网视频网站逐渐崛起。目前，国家正在推进传统电视台、广播电台合并，同时推动媒介融合发展。传统文化电视节目组应抓住媒体融合发展的窗口期，利用传统电视台雄厚的人力、物力资源，在充分发挥自身节目原始创新能力优势的同时，孕育和汇聚融媒体发展资源，实现媒介融合发展。其中，中央电视台的原创传统文化电视节目《国家宝藏》就是其中的代表品牌。

中央电视台是我国电视媒体的领军者，是电视行业响应国家号召、落实国家政策、引领行业发展的标杆，在全国电视行业拥有雄厚的实力，在媒介变革和国家传播能力建设的实践中，做了很多传统文化电视节目原始创新的有益探索，连续推出《百家讲坛》《中国诗词大会》《见字如面》《国家宝藏》等多档原创传统文化电视节目，在社会上掀起学习、传承和弘扬传统文化的热潮。其中《国家宝藏》定位为大型文博探索类节目，彰显文化内核、综艺理念和记录风格，以一种全新的表达方式，赢得包括年轻受众在内的不同年龄段观众的喜爱。以《国家宝藏》为基础资源开发出的视听节目形态实现了跨节目、跨媒体、跨媒介传播，逐渐形成《国家宝藏》品牌。在此，以《国家宝藏》节目为样本，对数字经济背景下传统文化优质电视节目资源品牌化运营进行探讨，分析传统文化电视节目产业链延伸的实现路径。

1. 清晰传播目的，满足受众文化需求是根本

大国之间的竞争不仅涉及经济实力更涉及文化软实力，大国竞争概念的凸显也促使国人对自身文化实力与文化传播能力再审视。传统文化电视节目的火爆，不仅证明了国人对文化自信的渴求，也在一定程度上反映了当代的文化缺失现象。《中国青年报》2017 年的调查显示，89. 3% 的受访者认为存在文化缺失现象，约 61% 的受访者对传统文化电视节目传播有较

强期待①。通过我们自身的体验也可以发现，观众不是不喜欢看传统文化电视节目，主要是身边没有合适的内容，所以传统传媒理论中“媒介为王”的观点依然适用，内容仍是电视节目的核心竞争力，在传统文化电视节目传播中，满足受众文化需求是节目传播的根本目的。《国家宝藏》节目开张口号是“我们是一个年轻的节目。我们有多年轻呢？也就是上下五千年”。年轻化的语言出自资深表演艺人张国立之口却在传统文化内容的加持下毫无违和感，一下把观众带入厚重历史记录和欢快电视综艺两种传播氛围中，全新的表达方式和审美意境给人焕然一新的感觉。《国家宝藏》节目在满足受众文化需求上下功夫。一是调动全国资源，精选传统文化中代表性文物承载厚重历史。《国家宝藏》节目每期精选三件文物引出文物所在历史年代的典故、风俗等知识，将历史上的思想观念、人文精神、道德规范等精华内容与现代思想相结合，虽然在文化传播上仍存在快餐式灌输的不足，但基本实现了历史和现实之间的交融与对话。二是努力运用多种艺术形式，展现传统文化的广度，构建中华民族集体记忆。《国家宝藏》节目至今已经播出三季正片和一个“展演季”，前两季分别与我国重要博物馆合作，在文博领域深入挖掘。《国家宝藏》第三季携手九座中华文明历史遗迹，利用影像展示、故事讲述等手段探讨中华文明的形成和对人类发展的贡献。“展示季”则满足不同受众需求，开辟了音乐细分赛道。

2. 媒介整合管理，实现多元主体传播

数字经济对传统文化电视节目传统传播方式的影响主要体现在媒介整合传播上，其传播渠道由单一变为多元，传播过程由可控可预期变为多变不可控，受众不再是被动接受信息，而是在互动中参与信息传播，甚至成为节目的创作者。因此，在数字化的传统文化电视节目传播中，要实现多元主体传播。一是主创团队的内部传播。主创团队是节目制作的灵魂，是决定节目质量的核心要素。节目主创团队要有丰富的制作经历和原创节目经验。《国家宝藏》节目制片人兼总导演于蕾曾参与制作《非常6+1》

---

① 张帆. 传统文化遇上年轻用户:《国家宝藏》在Bilibili网站的传播研究[D]. 郑州:郑州大学,2019:56.

《开门大吉》等多档原创综艺节目，有非常丰富的节目原创经验。主创团队还要有丰厚的知识积累，因为传统文化内容丰富，电视节目观众知识层次较高，一点小的失误或表述不当都有可能造成严重后果。在节目制作过程中，主创团队的内部传播起到重要作用，团队成员要形成合作机制和统一的制作理念，要从各自角度分析目标观众收视习惯，策划节目播出计划等。二是节目运行的策划传播。节目运行是指传统文化电视节目的实际制作、播出阶段，策划传播是指为达到良好传播效果，有计划地优化节目运行过程的行为。传统文化电视节目播出是典型的大众传播行为，在大众传播过程中意见领袖起到重要作用，意见领袖一般是具有较高知名度和正面形象的公众人物，《国家宝藏》节目在制作过程中选择明星讲解员守护者、九大博物馆馆长等意见领袖参与，对提升节目传播效果起到重要作用。例如，张国立担任节目 001 号讲解员，事实上发挥节目主持人的作用，观众跟随着张国立的讲解，仿佛真正走进了博物馆参观，享受到“超级 VIP”待遇。《国家宝藏》节目第一季选择了 27 位明星“护宝人”，有著名演员王刚、当红小生王凯、易烊千玺等，这些明星自带流量，提升了节目收视率。另外，节目还邀请九大博物馆馆长担任“看门人”坐镇点评，既保证了节目的专业性和权威性，也满足了屏幕前专业人士的需求，在娱乐的同时实现了教育效果。通过面向目标观众需求的意见领袖选择，节目有效强化了传播效果。三是二轮播出的口碑传播。数字经济时代，互联网是不可忽视的媒介市场，《国家宝藏》节目经过电视台首播之后，第二轮的网络播出收益也不容忽视，二轮播出中口碑效应异常重要。二轮播出更为复杂，其传播过程经历播出、转发等多次传播过程，主要通过互联网新媒体平台实现，其中每位受众既是接受者也可能是传播者。例如，《国家宝藏》节目通过 B 站进行了二轮传播，经过 UP 口碑认可的内容将至少经过三种方式强化传播效果。首先是弹幕促进，弹幕是互联网短视频中独特的二次创作方式，大量的弹幕好比节目现场的掌声，烘托气氛、营造口碑；其次是 UP 主的剪辑再创作，这是他们的自发“安利”行为，是整个节目转化为互联网视听语言的重要渠道；最后是用户的相互转发和评论推荐，这种用户人际传播行为将形成更好的口碑传播效果，是孕育舆论热点的重要渠道。

3. 推进衍生开发，实现传播效果深化和品牌塑造双重奏

传统文化电视节目衍生开发是指对基于节目原创资源形成的节目名称、环节、内容等资源的市场化开发行为。一般意义上的文化衍生开发就是玩具、钥匙扣等，后来随着文化旅游产业的发展，衍生品开发逐渐丰富起来，出现相关的音乐、舞蹈、演出、旅游项目、影视作品等内容。毋庸置疑，传统文化电视节目衍生开发将增加电视节目收益，将节目收益从电视广告延伸到更多更广的产业链上。在数字经济背景下，酒香更怕巷子深，好的媒介产品需要通过衍生开发广为人知从而深化传播效果。

（1）通过衍生开发实现跨界传播，产生立体传播效果

受众对文化的需求是方方面面的，其日常需要通过阅读图书消遣和丰富知识，需要购买工艺品馈赠亲友或陈设展览，需要观看文艺作品获取视觉享受等。电视节目运用视听语言表情达意，在传播过程中展现与塑造了丰富生动的图像和声音，为节目跨界传播提供素材。可以跨界互联网，短视频网站需要通过传播电视节目提高热度，需要电视节目为网站创作者提供素材。可以跨界图书出版，《国家宝藏》系列图书已经在图书市场上面世。可以跨界艺术品市场，《国家宝藏》中出现的“网红宝藏”在拥有高知名度的同时，成为高端工艺品市场的热门素材。可以跨界会展业，《国家宝藏》中的宝物和意见领袖可以与节目携手参加会展活动，提升历史考古类节目权威性，提升普通会展品位。经过这些丰富的衍生开发，可以构建立体化的《国家宝藏》多轮传播模式，持续保持热度。面对当前互联网信息海量传播、热点更迭速度快的特点，传统文化电视节目保持活力实属不易，若不及时做好衍生开发和立体传播，其热点消退速度可能比升温速度更快，围绕节目主体展开的衍生开发，实现立体化传播是保持热度的关键方式。

（2）通过衍生开发拉长产业链条，塑造文化品牌

品牌塑造不仅要有好的资源、好的机遇，更需要时间沉淀。传统文化电视节目通过首轮播出赢得口碑、形成影响力为相应文化品牌塑造奠定了良好基础，为拉长产业开发链条创造了条件。经过《国家宝藏》栏目的热

播和铺垫，故宫博物院等一批国家重要博物馆的文创产品开发成为文化创意产业领域的热点，虽然在产品开发中还存在专业性人才缺乏、产品创意不足、营销渠道不畅、产业资金不足等问题，但是贯穿电视节目、互联网视频、音乐等媒介的文化品牌已隐约成型。《国家宝藏》从国宝文物出发，通过节目形式、灯光舞美、音乐等年轻人喜爱的视听语言入手，将故事化和娱乐化元素引入文化传播，赢得了受众喜爱。在B站上，截至2022年2月15日，《国家宝藏》第一季播放量达到2719.5万，第二季播放量达到3135.3万，第三季播放量达到3763.0万，展播季播放量达到553.2万。在资讯大爆炸的时代，《国家宝藏》节目抓住受众年轻化趋势，先吸引受众注意力，再通过节目让受众了解国宝传递的文化内核和精神情感，实现了节目由电视媒体向互联网媒体的衍生开发。通过互联网传播，节目中的精华元素迅速成为热点内容。单霁翔院长的幽默段子、文物表情包、故宫猫贴等承载传统文化内涵的标志性事物迅速占领受众朋友圈。传统文化元素走红的同时带来文化市场消费新需求，许多博物馆在市场需求的刺激下逐渐转变发展观念，开始走亲民路线，开始重视文博产业发展，甚至拓展到音乐和游戏领域。《国家宝藏》节目第二季插曲《抱月入怀》一经网易云音乐上线，迅速成为爆品内容。《国家宝藏》节目与《王者荣耀》合作开启“荣耀传承”计划，在游戏中围绕李白草书《上阳台帖》推出星元皮肤，皮肤包含的服装、发髻、武器、配饰等都结合了国宝《上阳台帖》，贴近李白形态和事迹设计。游戏者在参与游戏的同时，通过皮肤更直接地了解背后的历史和中国书法文化。《国家宝藏》电视节目在不断地跨界传播、延伸产业链条的过程中，实现了传统文化品牌孕育、发展和增值。

7.2.2 传统文化影视剧开发

电影和电视剧是典型的文化视听作品，在带来巨大经济效益的同时，也通过生动形象的视听符号传播中华民族传统文化和价值观。从传统文化影视剧开发的角度来看，需要解决传统文化视听叙事、传统文化符号视听表现、传统文化时空重构三个问题。传统文化视听叙事是指在电影和电视剧叙事中如何融合传统文化内容，无论时代如何变化，中华民族的传统美德都会一代代传承，融入中华民族的血脉。影视作品通过叙事塑造与重现成百上千的人物和事件，在叙事中明理，在明理中弘扬传统爱国主义等优秀传统文化。传统文化符号视听表现是指将丰富多彩的传统文化元素的电影、电视剧进行语言转化，例如，传统音乐、戏曲、美术、造型等，如何在影视剧中以恰当的方式呈现，从而实现传统文化元素与现代审美的融合。传统文化时空重构是指传统文化中蕴含的人生观、世界观、价值观等思想性内容的与时俱进，通过对传统文化内容传播的创新与弘扬实现激励年青一代传承传统文化的目的。

7.2.2.1 叙事结合的传统文化呈现

电影和电视剧对传统文化元素的呈现要与影视叙事相互融合，观众在观看影视剧过程中，一方面在丰富多彩、生动形象的视听语言刺激下，通过感受故事情节和剧中人物命运产生情感共鸣；另一方面通过作品传递的传统文化视听符号，感受历史年代中不同地域的社会风貌，感受时代变迁、民族交融和地理变化带给社会的影响。在情感共鸣和新知识接受的作用下，影视剧通过叙事传播传统文化。例如，改编自热门网络小说的电视剧《琅琊榜》，通过浓厚的传统文化故事构建起特有的艺术氛围。剧中力图展现中国山水的美感，其中的古代山水园林场景，呈现出类似水墨画的唯美，古意盎然，使人身临其境。随着剧情的推进，在特定环节加入古代风俗段落，例如，颇有“长亭外，古道边，芳草碧连天”意境的十里送别，在长亭中，剧中人物按照观众理想中的传统礼仪相对跪坐，用清茶淡酒伴以浓厚的离愁别绪，长亭内剧中人物举手投足和眉目表情中展现的情感，辅以亭外山水画境和数字化手段加持下的画面构图，引人入胜。剧中还巧妙地利用历史名人典故设计剧情，例如，剧中琅琊郡寓意诸葛亮出生地，进一步丰富了同样神机妙算、忠心辅佐明君的主人公梅长苏的身份背景。主人公在一次次生死考验中，不仅展现了自己的聪明才智，也把中国传统文化中“国士”的形象诠释得入木三分。除此之外，电视剧情节中还呈现了中华孝道、诚信、仁厚等中华人文品格。传统文化与影视剧叙事之间的完美融合，相得益彰。

7.2.2.2 具象化呈现传统文化符号

电影和电视剧利用大量的影视美学手法将传统文化符号具象化，达到增强作品艺术价值和感染力、营造视听语言美学意境的目的，在达到影视剧传播目的的同时，实现对观众的传统文化熏陶，这个过程就是传统文化符号的具象化。具象化过程既是文化符号视听化转码的过程，也是影视剧表达创新的过程。一部好的电影和电视剧作品，不仅要满足观众的娱乐需求，也要满足观众精神层面对生活和思想困境探究的需要，两者可以说是矛盾的两面，若过于强调娱乐价值将导致内容的空洞，若过于强调思想性则会出现枯燥乏味。在现实的影视剧作品中，做到两者辩证统一是创作者需要直面的问题。例如，电影《霸王别姬》，该影片的艺术价值得到全世界的认可，其中传统文化符号成功具象化的呈现功不可没，涉及的典型传统文化符号主要有清末民初生活图景和京剧台前幕后。中国一直是西方世界向往的神秘国度，外国观众尤其对古代中国感兴趣，清朝人留着的大辫子、富有烟火气的街头巷尾、四合院、糖葫芦等生活元素吸引着外国观众。京剧被誉为中国国粹，一直都是中国传统文化的一张名片。电影完整呈现了京剧名篇《霸王别姬》中两位名角从艺、成长、成名、失势的过程，揭开了京剧的神秘面纱。片中主人公通过演绎项羽和虞姬，展现了传统文化元素的独特魅力，影片夹杂着叙事和气氛渲染，戏剧遇上战争、遇上政治动乱、遇上三教九流等，在冲突中展现了独特的审美，增强了电影的艺术的感染力。

7.2.2.3 典型人物塑造深化传播效果

影视剧作为大众传播的主体，肩负塑造全民族价值观的重要责任，影视剧中的正面典型人物起到增强国人精神力量的重要作用。影视剧艺术通过深入发掘、传播传统文化中爱国主义和民族精神符号，再通过戏剧化语言视听化呈现，转化为一段段精彩的故事，通过生活情节塑造了一个个鲜活的人物形象，在观众、荧幕形象和传统文化之间架起桥梁，深化了中华民族传统文化传播效果。在影视剧作品中，很多典型人物形象深入身心，负面的角色起到警示作用，正面的角色起到引领作用。徐克导演的电影

《智取威虎山》利用现代视听语言对传统样板戏同名作品进行翻拍，剧中英雄人物杨子荣经历“打虎上山、深入匪穴、剿灭匪首”等过程，塑造了解放军在正面攻坚战场之外，以弱胜强、智勇双全的英雄形象。比如电视剧《三国演义》《跨过鸭绿江》等，虽然展现的时代背景相差一千多年，但其展现出的勇于担当、不屈不挠的民族精神都诠释了家与国的密切联系，传播了优秀传统文化。

7.2.3 传统文化电视纪录片开发

电视纪录片是电视专题类节目，通过客观反映社会生活中的真人、真事、真情、真景等，力求通过视听语言还原社会生活原貌，客观真实地记录有价值的内容。电视纪录片的基本特征有两个：一是真实性，这是电视纪录片的生命，需要制作者以客观现实为基础，不仅拍摄真实的内容，还需要展现情节的真实性；二是纪实性，这是一种表达风格，更是一种表现手法，是真实的延伸和发展。

传统文化来源于人类的社会实践活动，以实实在在的现实内容为基础。传统文化之所以能够历经岁月依然被人们传承，关键在于蕴含其中的“永恒”真理，而这些哲理性内容适合在一种思辨和平静的氛围中讲述、体会与感知，同时传统文化的大部分内容通过书、画、建筑、艺术形式等留存，适合视听化表现，这就为以写实风格为特点的电视纪录片带来新契机。在传统文化的电视纪录片开发中，最常见的题材是知识类内容，常见的内容有历史知识、中医养生、茶文化、传统技艺等。传统文化的电视纪录片开发常用的方式主要有三个：一是面对新颖的素材，原汁原味的展现式纪录；二是面对历史类题材，利用科技手段多元化再现；三是面对人文类题材，尝试体验式纪录。在现实操作中，经常综合运用这三个方式，以达到最佳的传播和表达效果。

7.2.3.1 原汁原味的展现式纪录

电视纪录片的本质特征就是真实，囿于时空限制，人类不能随时随地地体会不同地域的风土人情和自然风光，电视的出现在很大程度上可以满足观众的跨时空感官需求。传统文化可电视纪录的素材中有很多是极具吸引力的内容，例如，尚待开发的历史遗迹、鲜为人知的人间美味、人迹罕至的自然秘境等。这些极具视觉或听觉冲击力的内容都是很适合原汁原味展现的素材，可能稍加修饰或人为加工就会破坏它们的自然之美，用纪录的方式，用画面和声音直观、鲜亮地展现是最佳的传播方式。最原生态的传统文化资源往往保留有最真实和全面的人文精神，也最能展现中国传统文化之美，所以在展示原始素材风貌的同时，也是在弘扬和传承传统文化。

例如，人们常挂在嘴边的“乡愁”，是近些年电视纪录片的热门内核。2012 年央视热播的电视纪录片《舌尖上的中国》引起国人关注，七集内容分别以“食材、主食、转化、储藏、烹饪、调和、生态”为主题，生动讲述了千百年来中国人独特的饮食文化由来与传承。《舌尖上的中国》主要采取写实的手法，采取段落化方式，在一个个小段落中相对完整地记录一段美食内容，客观展示这些美食的食材选择、成品过程、制作者背景等信息，通过富有感染力的镜头和烹饪音效，仿佛把观众带到纪录片主人公的身边，与他们一道完成美食烹饪，实现美食制作的价值。《舌尖上的中国》一经播出就广受好评，观众通过观看纪录片感受最深的就是对美食、民俗、文化的认同，在一集一集节目的客观内容润化下，“记住乡愁”的主题逐渐清晰，潜移默化中形成的深厚情感令人欲罢不能，纪录的价值得到完美呈现。

7. 2. 3. 2　利用科技手段多元化再现

电视纪录片具有艺术性和新闻性的双重属性，艺术性的本质在于画面和声音展现的生命力，充分发挥画面和声音在造型塑造上的生动作用是电视纪录片制作的应有之义。中国历史源远流长，传统文化常作为历史事件和历史遗存以组成元素的方式呈现，由于历史原因，造成传统文化元素原始形象遭到破坏或丢失，为电视纪录片中相关内容的生动表达带来阻碍。数字技术发展极大地带动了动画等虚拟现实技术的发展，时空错位、画面和声音仿真技术越发成熟，虚拟画面现实效果越来越好的同时，其制作成本也逐渐降低到可以被电视制作接受的程度，这就为科技手段多元化再现的电视纪录形式发展带来机遇。

在中国传统文化题材电视纪录片开发实践中，利用多种手段的情节再现式表达极大地提升了制作效果。早在2003年电视纪录片《郑和》就成功运用了数字技术情景再现的方式，并取得巨大成功。《郑和》制作完成于郑和下西洋600周年前夕，摄制组采用实地采访取经与虚拟现实手法相结合的方式，力图真实地再现当年辉煌的历史，实现书写历史和承载文化的目的。纪录片《郑和》的制作首先以扎实的创作为基础，这也是实现纪录片真实性的基础。脚本作者不仅深入研究了国内外思想界有关郑和的最新研究成果，而且专门到美国、英国与国际专家对话，到云南、南京的历史遗迹实地走访，还沿着郑和当年的航线一路追踪探访了其当年留下的历史证据。这些扎实的工作对于制作阶段对历史原貌的真实还原起到了重要作用。在纪录片的制作中，使用虚拟现实技术弥补历史画面的缺失，根据历史文献、遗迹和相关研究成果，结合制作主题确定画面主色调，对每一个画面都进行调色，对真人扮演历史人物、建造模型进行还原，许多抠像、道具都经过逐帧精密缝合。在先进数字技术的支持下，多元化真实记录得以实现，也最大化地发挥了电视媒体的传播特点。此后的传统文化电视纪录片中，虚拟现实和情景再现技术基本成为标配，《圆明园》《故宫》等一些著名电视纪录片对这些技术的运用更是渐趋成熟，科技成为电视纪录片发展的“加速器”。

7.2.3.3 体验和参与式纪录

传统文化电视纪录片纪录的主体始终是人和人创造的客观世界，所以人的元素是制作的最核心要素。随着大众媒体的普及和互联网媒体的快速发展，电视节目中体验和参与式内容逐渐增多，这代表着传授关系逐渐趋于平等，也是展示真实之外的另一种真实——体验真实。体验和参与式的纪录方式非常适合个性化的表达，这种方式对纪录片真实、客观的表现蕴含在现实的参与体验过程中。在此类纪录中，记者代替观众体验镜头前的环境、生活，将真实体验现场展现给观众。这种纪录方式解决了历史题材电视纪录片中观众始终游离在纪录片讲述内容之外的问题，观众不再只是观看者和聆听者，而是打破空间界限，身临其境感受山水风光和历史文化。

例如，中央电视台《远方的家》栏目的系列纪录片《边疆行》《北纬30度中国行》等，在节目中记者直接出境，跋山涉水，体验民风、民俗，用摄像机呈现整个过程。类似的纪录方式也成为电视纪录片制作的常态，制作于2018年的《跟着唐诗去旅行》，以杜甫、孟浩然、王维、岑参、李白五位杰出诗人为切入口，邀请五位当代文化名人担任“旅行者”分别沿着五位诗人的行走路线，探访曾经的唐诗现场，回望祖国的大好河山，感受历史与现代祖国大地上发生的变化。五路“旅行者”在寻迹诗人的路线上打卡著名历史遗迹，用自己最直观的感受，在重走诗人之路的过程中探寻诗人的创作情感历程，在现实体验中带领观众感受古诗魅力，在客观的纪录中加入了人文温度，让古老的诗句焕发新的生命力。观众在体验式的观看中，也会产生极强的代入感，去领略诗人的情怀和时代情景。

7.3 数字经济背景下传统文化的演艺开发

《著作权法》第三条有关受保护的著作权作品界定，第三类是“音乐、戏剧、曲艺、舞蹈、杂技艺术作品”，本文据此将传统文化演艺开发的主要范围界定为传统文化的音乐、戏剧、曲艺、舞蹈、杂技艺术作品开发。这些艺术形式广泛存在于我国的传统文化之中，有不少传世佳作在历史年代中诞生。这些艺术形式不仅在中国，甚至在世界范围内都广泛存在，各国在历史传承中形成了不同的特色，其中有些国家将传统与现代有机结合，解决了市场化问题，但大部分国家的此类演艺形式要靠政府支持才能得以生存，我国也有类似情况。我国人口众多、幅员辽阔，在为多样性的传统文化演艺提供孕育土壤的同时，也带来了不均衡的发展问题，在市场化的激烈竞争中原始受众少、群众基础弱、创新和适应能力不足的传统文化样态就出现了生存危机，一方面人们在呼唤保护传统文化；另一方面在消费选择时对其进行否定，割裂化的表现为保护与传承中的市场化带来极大困扰。此外，我们对这些传统文化演艺形式的特点和成功案例进行分析，期望能为传统文化演艺中高价值版权培育带来有益的启示。

7.3.1 传统文化音乐作品开发

传统文化音乐作品的界定容易和戏剧作品产生混淆，在此主要指将传统文化元素应用于音乐作品开发和源于传统音乐表达形式的现代化开发行为，不包括戏剧、曲艺、舞蹈、杂技作品的相关开发。

在源远流长的中国传统文化传承中，音乐元素一直是其重要组成部分，反映了先民的生活状态和审美情趣，在改革开放带来的经济社会快速发展和现代工业文明形成的双重冲击下，传统文化的音乐生产和传承进入一个大的变革期，并成为主流文化、精英文化、大众娱乐文化等多元文化市场的有机组成部分。[①] 在当前数字经济背景下，传统文化音乐作品开发中主要面临两个矛盾：一是随着数字技术的普及，大众娱乐消费呈现体量短小、追求视听刺激的特点，这种通俗化的大众传播方式与传统文化音乐作品的含蓄表达产生矛盾；二是随着互联网媒体占据传媒市场，媒介特点要求视听作品融合传播，与传统音乐作品的传统传播方式产生矛盾。面对这两个矛盾，主要通过对传统文化音乐作品的重新解构和多重融合实现现代化的传承创新。

7.3.1.1 传统音乐的现代解构传承

传统音乐要真正实现与时俱进的传承和发展、不断焕发生命活力，就需要转换观念，丰富传统音乐内涵和现代受众行为特征的认识。“传统是一条河”，传统音乐在自由流淌的过程中随着现实环境的变化，会经历筛选、形变、继承和发扬的过程，以现代人喜爱的方式进行传承。

7.3.1.2 传统音乐的多重融合创新

中国传统音乐与中国其他的传统文化内容一样都有与国外不同的传授模式，即独立于学校教学体系之外的师傅带徒弟式的口传心授模式，这种传统教育模式带来的就是音乐外在形式的会意性。中国的乐谱相较西方乐谱有自身特点，古琴使用的减字谱和古琴使用的工尺谱都是记录骨干音，在实际演奏中要进行修饰才能形成完整旋律。传统音乐现代化是全球都面

① 赵志安. 论传统音乐文化的传承与传播[J]. 当代音乐,2016(3):7.

临的一个问题，在传统音乐多种融合创新过程中，西方音乐与影视作品、其他演艺形式融合得最好，自己独立发展得也很好，中国传统音乐受此影响大约形成以下三种发展方向：一是纯正的传统音乐，例如，存在于国有院团、旅游景区、博物馆内的专业传统乐团（古乐团），这一形式依托政府资助发展，处于非市场化或向市场化过渡状态；二是西方化的民族音乐，其在世界各国广泛存在，西方各国音乐对自身传统音乐进行改造后形成的音乐类型，例如，中国民族管弦乐作为中国文化使者的形象在国际产生广泛影响；三是民族化的流行音乐，就是采用传统音乐元素进行创作和表演的流行音乐作品。以上三类也构成了传统音乐多元融合创新的三个维度。

首先，守正创新的传统音乐维度。例如，2000 年成立的河南博物院华夏古乐团以继承和发扬中原深厚的传统音乐遗产为目的，主要从事对汉族传统音乐的保护、开发和展演。该乐团的主要工作有四个：一是复制古代乐器；二是非物质文化遗产复原展演；三是古典乐曲译谱编配；四是汉服研究复原。古乐团在传承和发掘传统音乐的同时，还通过对古代乐器、服饰等的复制、研发积累了丰富的知识产权资源，为传统音乐事业和民族音乐创新积累了宝贵的精神与物质财富。其次，中西合璧的西方化民族音乐维度。近些年随着我国文化软实力的提升，以中国民族管弦乐为代表的西方化民族音乐进一步崛起，一方面满足国内逐渐提升的精神产品需求；另一方面满足国家对外传播需要。中国民族管弦乐经过几十年的快速发展目前已呈现多元化的发展态势，尤其是在经济发达地区有良好的市场需求，例如，苏州民族管弦乐团对标西方，探索中国民族管弦乐交响化。可以说，民族管弦乐演奏的是中国乐曲，中国作曲家扎根于中国大地展开创作，用民族乐器讲述中国故事最合适不过。最后，走市场化之路的民族化的流行音乐。在市场化环境下，传统音乐和流行音乐一样都要按照市场需求进行创作，两者的不同之处只是在于创作时代不同，相同的是都源自普通百姓生活、情感的抒发。民族化流行音乐常见之处主要有三个：一是古装影视剧配乐，在古代戏剧环境的营造过程中，传统音乐起到核心作用；二是流行音乐中民歌的使用，常见的有摇滚乐中的民歌翻唱、相似曲调的翻唱、经典民歌风格化模仿、经典部分在流行音乐中的引用等；三是传统乐器在流行音乐中的运用，常见的古典题材或弘扬传统精神的流行歌曲，如《男儿当自强》《将军令》《东风破》等。由此可见，传统音乐在时代变迁中将会融合变迁。

7.3.2 传统文化戏曲作品开发

传统文化戏曲作品可简称为“传统戏曲”，是一种高度综合的民间艺术形式，对中国现代舞台艺术产生较大的影响。自进入21世纪以来，特别是数字经济环境下，传统戏曲发展受到较大影响，发展空间不断受到挤压，现代知识产权制度对传统戏曲发展的影响引发较大争议。知识产权制度诞生的本意是鼓励和促进创新，但在中国戏曲发展过程中是否引入版权制度一直没能形成统一意见，主要原因有两个：一是中国戏曲源远流长，传统曲目的成熟经历一代代主创人员的接续努力打磨而成，相较版权归属清晰的现代戏，占据中国戏曲资源核心地位的传统曲目版权归属不宜界定；二是戏曲行业发展不景气，对传统曲目的现代化传承和创新主要靠几家著名院团完成，行业不仅需要顶尖院团引领发展，更要靠基层院团支撑发展。实际上基层院团只能靠搬演顶尖院团的高质量新作才有戏可演，严格的版权限制将打破行业规则，带来行业震荡。在现有状况下，有学者提出经典再继承和跨界发展并行的传统文化戏曲开发思路。

首先，传统戏曲的原生态发展。所谓原生态，指的是按照经典与传统的方式传承和表现。原生态的发展方式也分为以下四种形式。一是“非物质文化传承”类的演出，联合国教科文组织于2001年开始评选人类非物质文化遗产代表作，我国的昆曲在当年入选。上文中提到的河南博物院华夏古乐团的演奏方式与此相同。2003年，中国昆曲博物馆正式挂牌开放，演出传统昆曲《牡丹亭·游园》《荆钗记·见娘》等，包含了自昆曲诞生以来的各类经典作品。二是“青春版”的经典戏曲，选择年轻演员演绎经典作品中的青春故事，目标受众是年轻公众。2004年白先勇策划的青春版昆曲《牡丹亭》在台北首演，之后又在香港、苏州大学和各大学巡演，取得良好的反响，扩大了传统戏曲在年轻人中的影响力。三是“堂会式”演出，此类演出旨在复原传统戏曲演出环境，通常在专门的场所，邀请戏曲名角大家登台，往往票价不菲，是小众化产品。四是戏曲下乡的演出，乡村一直以来是戏曲演出的重要场所，传统村落保留有重要节日演大戏的习俗，不少民间院团和县一级院团专门从事此项工作，对夯实戏曲传播群众基础起到重要作用。戏曲原生态发展不仅保留了传统文化精髓，而且在相对专业的环境内形成忠实的受众群体，有利于传统文化的传承和开发①。

其次，传统戏曲的跨界开发。传统戏曲不仅形式多样，而且内容丰富，有很多脍炙人口的历史故事和经典段落，有故事化基因，可跨界开发性强，可谓中国故事宝库，常见的跨界开发形式有电影、电视剧、歌剧、动画片等。例如，经典戏曲《赵氏孤儿》就被多次改编，成为中外艺术家的创作灵感来源。陈凯歌导演的电影《赵氏孤儿》就改编自传统戏曲故事，虽然电影的国内评价喜忧参半，但是国际知名度较高，英国莎士比亚公司在演出《赵氏孤儿》之前，英国卫报采访编剧造势时发表的配图就是电影《赵氏孤儿》的剧照。另外，2012 年中央电视台上映了 41 集电视剧《赵氏孤儿》。其实戏曲与影视剧的关系可谓“情深义重”，电视剧源于电影，电影最早只是对舞台艺术的记录，中国第一部电影就是录制戏曲《定军山》的画面，电影也经历了早期对戏曲的完全依赖到独立发展“长大成人”的过程，至今仍不断从传统戏曲中汲取营养。

7.3.3 传统文化曲艺作品开发

曲艺是对中国说唱艺术的统称，是由传统口头文学和歌唱艺术长期演变发展形成的一种艺术形式，以说和唱为主的表现手段是其主要特征，常见的形式有相声、评书、京韵大鼓、山东快书、凤阳花鼓等。近些年来，中国曲艺的发展势头一般，除了相声艺术知名度较高外，其他的曲艺形式逐渐沉寂。说到底，曲艺的发展问题还是市场化的问题，主要是创新不足，而版权制度是解决创新动力不足的可行性路径，数字技术为曲艺产业发展提供有力支撑。

数字经济影响着曲艺产业开发的方方面面，对产业发展思路和发展空

---

① 靳小蓉．传统戏曲的经典化与再生产：以《赵氏孤儿》为中心[D]．武汉：武汉大学，2017.

间有着颠覆性的影响。一是互联网成为曲艺发展的新空间，各类互联网平台和媒体被称为“曲艺传播新媒介”，新技术、新手段和新模式成为支撑曲艺创新发展的关键要素；二是曲艺艺术传播打破了时空限制，在数字经济背景下信息传播极为便利，音视频等传播符号在数字技术的支撑下可以实现演出场所和传播媒介的灵活组合，能够达到意想不到的传播效果；三是数字技术使曲艺传播的互动性更强，通过互联网平台数字技术应用，可以实现演员与观众的充分互动，无论在密度还是深度上，都实现了颠覆式进步；四是充分互动为观众带来个性化的互动体验，使曲艺艺术传播层次感更强，影响更为深远；五是数字平台为曲艺艺术传播提供了更为自由的时间资源，在满足观众个性化需求过程中实现多样性传播，既可以打破传统广播和电视节目的时长限制，又可以自由重播和断点播出；六是数字技术为曲艺跨界融合创作和传播提供了可能，数字技术为受众带来海量资源，曲艺融入数字经济就代表着接受了激烈的开放性传媒市场竞争。因此，在数字经济背景下，对传统文化的曲艺开发应该以版权制度完善为基础，立足传统曲艺传承和创新，在市场化投融资支持下，实现“互联网+曲艺”的融合发展。

第一，要完善相关版权制度。党的十九大报告明确指出，要推动文化事业和文化产业发展。政策是市场健康发展的重要保障，版权制度是保护传统文化曲艺知识产权、鼓励曲艺创新发展的根本保证。在数字经济背景下，市场决定生产要素配置，文化市场也逐渐走向完全竞争，曲艺产业也是如此。传统曲艺作品经历历史长河中无数老艺人、老艺术家的创作、继承和创新而形成。在新时代，如何激发当代艺人和艺术家的创作热情，是繁荣产业的关键。版权制度旨在保护版权作品创作者的权利，通过适度的保护，达到鼓励创新的目的。目前，我国曲艺界面临着创新不足与保护不力的双重挑战，版权制度的创新和严格执行是解决问题的重要举措。第二，要充分发挥社会主义市场经济制度优势，在稳基础上下功夫。近些年来，随着相声产业的快速发展，带动了曲艺小剧场在全国大中城市的设立和普及，成为传统曲艺演出阵地之外的有益补充，在满足人民群众日益提高的精神文化需求过程中起到重要作用。曲艺小剧场实践探索证明了曲艺拥有广阔的市场前景，同时也暴露出竞争力弱化、创新能力不足的问题。头顶传统文化光环的曲艺应该充分利用社会主义制度优势，发挥行业组织优势，向政府要政策，重点补齐曲艺生产创作、演出资源、市场营销等方面的短板。第三，要运用市场化手段探索投融资模式，推动现代化产业链发展。目前，国内版权市场投融资手段运用最为丰富的是影视产业，灵活的金融手段为产业发展提供了丰富的资金支持。数字经济背景下的曲艺开发投融资有三个途径。一是与新媒体平台的融资发展，利用曲艺知名艺人的热度带动新媒体平台发展。二是成熟曲艺 IP 的产业链开发，例如，针对某一个热门演员或团队的产业链开发投资，推动营销、活动策划等。三是针对潜力型曲艺资源的投资，例如，对拥有高质量传统曲艺资源的老院团，具有“网红”潜质的新演员和团队，可以提供小额信贷服务等，扶持早期的成长。第四，要推动曲艺产业与其他业态的融合发展，以及传统曲艺符号与数字化表达手段之间的融合。曲艺是传统文化产业的重要组成部分，是一个渗透性和关联性都很强的产业，通过与互联网媒体的融合，已经形成新的产业增长点。传统曲艺主要通过演员的有声语言和副语言进行表达，现代曲艺可以将声光电等数字技术纳入表达体系，实现传统与科技的融合。

7.3.4 传统文化舞蹈开发

舞蹈是以有节奏的动作为主要表现手段的一门表演艺术，是人类在生活和其他社会实践中用于自我表现和表演的形式。传统文化舞蹈开发既包含传统舞蹈形式，也包含综合传统文化的现代舞蹈形式。传统文化舞蹈开发可以是将古典舞作为主要审美风格舞蹈作品，也可以是用多种方式展现古代题材的作品。

在数字经济时代之前，舞蹈的传播遵循较为传统的方式，其传播方式主要有三个。一是演出传播。舞蹈一般作为文艺演出的组成部分，主要在现实生活中进行传播，例如，常见的慰问演出、文艺下乡、节日晚会等。这种传播方式在电视普及之前使用最为广泛，是社会集会和人民群众文化生活的主要形式。其优点是真人实物表演，现场效果好，缺点是一场一演传播范围有局限性。二是旅游传播。随着经济社会的不断发展、人们生活水平的不断提高，文化旅游产业迅速崛起，舞蹈作为承载地方传统文化、丰富旅游体验的重要手段被广泛应用。其优点是舞蹈演出与景区共生，观众的共情效果好；其缺点是舞蹈作为景区附属产品，其艺术创新持续性较差。三是电视节目传播。随着电视的普及，舞蹈作为一种重要的文艺形式在电视晚会中通过直播或录播的形式传播。其优点是演出综合声光电效果带来新奇体验，而且可以突破时空限制进行观赏；其缺点是内容传播大众化，无法满足受众个性化需求。

在数字经济背景下，互联网技术普及极大地改变了传统文化舞蹈开发活动，数字技术与数字网络分别颠覆了舞蹈创作和舞蹈传播。数字经济塑造了新的传统文化舞蹈审美体验，舞剧《杜甫》中的《丽人行》、河南卫视《我们的节日》系列舞蹈等作品在网络上的点击率超过千万，标志着舞蹈艺术从小众走向大众，受众的审美情趣和审美标准发生了重大的变化。数字经济带来舞蹈传播的交互性。作为以自然动作为主要表情达意符号的艺术形式，一直缺乏传播者和受众之间的互动，互联网传播的双向互动为舞蹈作品精神内涵向受众延伸带来颠覆性影响。数字经济背景下的传统文化舞蹈的主要传播媒介是新媒体，新媒体可以实现经典舞蹈的反复传播，这种传播模式通过反复播放经典动作进一步加深艺术形象在观众脑海中的印象，进而获取审美体验。数字经济背景下的传统文化舞蹈传播可以形成舞蹈 IP，在互联网作用下，热点舞蹈作品往往要通过数字营销方式进行传播，其中热点营销是重要的环节，热点营销中热门舞蹈作品炒作和舞蹈明星培养是常用模式，热点带来的流量正是舞蹈 IP 形成的最关键元素。数字经济背景下的舞蹈传播常常在跨界中实现，这就为传统文化舞蹈跨界融合创造了条件。例如，2019 年央视春晚的开场舞蹈《春海》，利用 AR 虚拟现实技术，制作了绚丽的光影效果，成为舞台技术集合创新代表作品。

7.3.5 传统文化杂技开发

“杂技”一词是现代词汇，于 1950 年中国杂技团成立时由周恩来总理定名。现代杂技一般是指演员以自己身体技巧完成一系列高难度动作的表演性节目，演员常采用跑、跳、身体技巧、平衡技巧等。杂技是中国传统技艺，与中国传统文化紧密相连。杂技中常见的腰腿顶功和传统戏剧中武生技艺密切相关，杂技表演讲究险中求稳、动中求静、平中求奇，与中国传统文学的表现技法一脉相承。另外，杂技表演中还大量运用生活用具和劳动工具，像碗、缸、盘、绳、鞭等，都体现了杂技艺术与生活息息相关。随着数字经济的快速发展，杂技艺术创作发生了显著的变化，在追求技巧创新的同时，开始更多地关注数字技术和数字传播语境下的审美要素，当代杂技的传播媒介已经步入数字化阶段。

首先，从传统文化杂技创作的角度来看，传统文化是创作源泉。这种开发形式引领着杂技高质量发展，主要通过作品表现元素、表现形式的创新，不断激发传统杂技的生命活力，其创作目标就是出精品。杂技创作的第一个特点是以传统文化为资源。虽然现阶段中国杂技的表现手段发生极大变化，但其创作源泉仍然是多姿多彩的中国传统文化，其创作过程中包含的中国传统文化元素包括中国古典文学、民间故事、宗教哲学、地域文化、民风民俗，甚至还包括饮食文化等。这种多元文化的创作路径极大地满足了国内观众多元化的审美情趣，让杂技焕发出丰富多彩的表现力和宏大的包容性。杂技创作的第二个特点是杂技戏剧化的探索。2005 年，广州军区政治部战士杂技团推出中国杂技史上第一部杂技剧《天鹅湖》，开始了杂技融入戏剧的探索。随后我国产生了一批真正用杂技语言讲述戏剧故事的杂技剧，如《西游记》《胡桃夹子》等。杂技的戏剧化是指在杂技艺术创作中融入戏剧故事成分，相较传统杂技更为明显地彰显主题思想，塑造更为鲜明的艺术形象，通过更为清晰的叙事线索推进作品表现。杂技创作的第三个特点是作品的思想内涵承载性越来越强。数字经济背景下，中国也开始利用互联网媒介传播，杂技创作者在考虑传统技艺表现的同时还要根据互联网和相关电子媒介的传播特点进行优化处理，其中重要的一方面就是注重赋予杂技思想内涵，建立作品与其他艺术形式的内在联系，为跨界传播奠定基础。例如，大型魔术主题晚会作品《玄光》，解读和阐释了老庄哲学的“诡秘、虚无、不可知”，还展示了佛教理念中的“顿悟”思想。

其次，从市场化角度来看传统文化杂技开发，产业化发展是根本出路。河南濮阳东北庄是传统的杂技之乡，作为经济发展水平一般城市的传统文化样态，近些年快速发展成为当地的一张名片，其成功经验值得总结。一是立足优势资源，走群众路线。濮阳杂技有悠久的历史和深厚的群众基础，在传统经济社会中，在走街串巷的表演中家喻户晓。随着经济的不断发展，濮阳杂技艺人开始走出河南走向全国乃至全世界。数字经济背景下，市场要素快速流动，濮阳市重新审视传统杂技文化资源，结合时代特点坚持立足本地的开发与保护，斥资6亿元围绕濮阳杂技开发观光旅游、杂技表演与培训、地方美食等项目，全力打造出濮阳东北庄杂技文化市场。与此同时，大力挖掘濮阳杂技文化历史，整理出一大批社会影响大、文化价值高的历史资料和珍贵实物，兴建杂技博物馆，为杂技产业发展奠定坚实基础。二是破旧立新，通过改革创新，激发市场活力。濮阳市杂技团在国有体制下建立和运作，在市场经济环境中发展举步维艰，不少“老人”缺乏创新动力。政府针对实际情况，量体裁衣制定改革策略，重组国有院团，逐渐构建起以国有院团为主导、民办团体为主干、民间表演为基础的多种所有制共同竞争发展的格局。三是政府扶持，重点创作带动发展。濮阳抓住河南省文化产业发展改革试验区的机遇，将杂技产业发展定为突破口，争取省委宣传部、发改委、财政厅、文化厅等省直部门和单位的扶持政策与资金，集中力量创作了《神龙部落》《水秀》等经典作品。政府在评估作品市场价值的基础上，培育负责相关运营的民营企业发展，为其提供免税政策，提供免费办公和训练创作等，甚至在《水秀》筹备演出期间提供贴息贷款等帮助，一手扶持这一经典剧目顺利创作、成功演出，成为品牌。四是项目带动，长远发展。经典剧目获得成功之后，如何谋划推动产业在起好步的基础上行稳致远，就需要项目带动提供持久的创新力来支撑。政府为此又谋划了中国濮阳国际杂技文化产业园项目和濮阳杂技艺术学校项目。前者集游乐、购物、休闲于一体，聚人气，打造成开发式公益性地标。后者定位于国内最大的杂技文化产业创意人才培训基地，计划建设成国内第一家杂技大专院校，将为产业发展提供源源不断的人才支撑。

7.4　数字经济背景下传统文化其他类型开发

相较图书、视听作品和演艺，传统文化书画、游戏、服饰、旅游和建筑设计等版权形式的开发规模较小，但影响力却不容忽视，这些版权开发形式在传统文化传承创新过程中发挥着重要作用。

7.4.1　传统文化书画开发

这里所指的书画包含书和画两部分。书一般是指中国传统书法和书法作品，画一般是指中国传统绘画和绘画作品。传统文化书画富有丰富的内涵，主要包括三方面内容：一是历史知识，传统文化书画创作源自传统生活习惯、器用、服饰，取材于先民的社会生活，很多传统书画作品从历史文物角度来看十分珍贵，蕴藏着丰富的历史材料价值，是现代人了解和学习历史的重要资料；二是文学知识，中国传统中书画不分家，古代书画家同时又是文学家，他们在完成书画作品创作的同时，也完成了文学创作，传世名作不仅展现出艺术之美，也向我们传递了丰富的文学知识；三是书画技法，常见的书法作品字体有楷书、行书、草书、隶书、篆书，常见的中国画技法在世界美术领域中自成体系，中国书法和绘画技法是世界艺术宝库中的独具魅力的一类，展现了我国艺术家高超的审美情趣和艺术创作才能。

在数字经济背景下，互联网技术迅速发展和普及，传统文化书画开发也受到互联网深刻影响，书画产业呈现新的发展趋势。

首先，数字经济塑造新的书画知识传播规律。互联网改变了知识传播方式，颠覆了书画知识传播体系。一是书画知识传播共享化。互联网海量信息传播与互动，把世界转变成一个信息交互场，包括书画知识在内的知识信息获取门槛越来越低，这就为满足受众多样化的知识需求创造了有利条件。远在海外的中国书画爱好者可以通过互联网网站和新媒体平台学习书画知识，书画爱好者也可以通过网络进行更为全面的知识学习，以往面传身授的深奥知识，通过互联网权威专家现身说法，受众很快就能掌握知识。二是书画知识传播普及化。互联网已经深入百姓的生活当中，作为传统文化元素的核心承载艺术形式的书画，在互联网信息传播中经常出现。例如，富有中国画韵味的图形设计，就是借用中国书法意境的创意字体等。书画知识在互联网图像符号中的应用越来越普及，促进了书画知识的广泛传播。

其次，数字经济带动书画作品创作。一是数字经济带动了互联网书画传播平台建设，加强了书画交易信息沟通。互联网书画信息平台不仅促进了传统文化交流，而且为书画创作者和收藏爱好者建立了很好的信息传播平台。艺术爱好者可以通过信息平台了解书画知识，鉴赏书画作品，开展艺术品交易。书画创作者也可以通过信息平台了解最新的创作动态和艺术市场信息，掌握群众的审美情趣变化。例如，在互联网平台中，中国书画艺术网是一个民间网站，该网站设置了资讯、展览、市场、机构四大板块，在首页显著位置分列艺术新闻、展览展讯、收藏拍卖等内容。艺术新闻板块主要以新闻的形式对艺术人物、艺术大事等进行专题的宣传报道，展现中国书画界的最新动态；展览展讯板块主要预告和报道最新的书画展览信息，汇聚最新的展览资讯；收藏拍卖板块主要报道最新的艺术品拍卖市场信息，例如，某位艺术家的代表作拍出价格、拍卖行新的运作成就等。二是数字经济推动传统文化书画开发的市场化。数字经济和数字技术推动形成的互联网信息网络为书画开发市场化提供了广阔的实践空间，通过艺术鉴赏让更多的年轻人走近传统文化，走近艺术鉴赏。通过百度搜索引擎输入“书画艺术网”，可检索到很多专门的书画鉴赏和营销类网站，我们以排名较为靠前的“中国书画网”为例，了解书画网络平台的情况。进入网站，处在最醒目位置的十家“书廊”“画廊”的名称图样，网站设计有交流、服务板块，内涵商城、名家鉴定、展览通告等业务。这些互联网平台，为书画创作者和书画买家搭建起沟通的桥梁，为艺术家提供了基本的收徒来源，为推动书画产业市场化发展起到重要作用。三是数字经济通过驱动互联网与艺术鉴赏的结合，促进传统书画的继承和弘扬。在书画互联网平台和相关新媒体内容广泛传播的推动下，加速了普通群众与艺术鉴赏的结合，引发了人们对中国传统文化的认同与热爱，传统文化书画作品既是中国的财富，也是全人类的财富，互联网对推动中国书画国际化起到重要作用。

7.4.2 传统文化网络游戏开发

网络游戏又称“在线游戏”，简称“网游”。网络游戏的诞生和发展源自数字技术的发展和互联网的普及，一般指以互联网为传输媒介，以游戏运营商服务器和用户计算机为处理终端，以游戏客户端软件为信息交互窗口，旨在实现娱乐、休闲功能的具有社交特征的个体性多人在线游戏。据统计，近些年中国网络游戏市场发展迅速，2020 年上半年实现营收1394.93 亿元，网络游戏成为当下年轻人的热门娱乐方式之一，成为年轻受众接触的重要媒介。通过网络游戏传播中国传统文化，不仅可以使信息传播更加生动和生活化，还能通过网络游戏开发激发传统文化传承活力，并提升游戏品位和内涵，在游戏娱乐中使年青一代走近中国传统文化，提高文化自信。

传统文化与网络游戏的跨界融合是数字经济背景下传统文化游戏开发的生动实践，两者的有机融合不仅为网络游戏开发提供了丰富的资源，而且为传统文化传承、创新、传播开辟了新的路径。一方面，传统文化资源为网络游戏开发提供了创意源泉。网络游戏在互联网市场环境下发展，属于典型的数字经济产业，其产业发展自由度高、竞争性强，市场前景好。一款网络游戏的开发类似卡通创作和文学创作，是一个近乎从无到有的过程，很多网络游戏是通过创造一个全新的虚拟环境，使参与者获得新奇的游戏体验。创意灵感的独特性是网络游戏产业的核心竞争力。一款网络游戏的开发与完善不仅需要资金、数字技术，也需要强大的创意能力、丰富庞大的传统文化资源。放眼热门网络游戏场景，其中传统文化元素占有举足轻重的地位。重庆地处我国中部和西部地区的交会处，加上其多变奇特的地理风貌，产生和保存了丰富多样的标志性传统文化元素，这些元素成为网络游戏创作的灵感之源。例如，重庆地区有着3000 多年历史的巴渝文化，居住着汉族、苗族、土家族等几十个民族，多民族的融合更增加了巴渝地区文化的独特性。巴渝文化中仁爱、诚信的价值观信条，著名的天坑地缝奇观，美丽的洪崖洞夜景，奇特的现代城市立体建筑，铜梁和秀山花灯等都成为不同网络游戏中的典型场景。另一方面，网络游戏为传统文化传播开辟了新的广阔空间。据前瞻产业研究院统计，近年来中国网络游戏用户规模不断攀升，2020 年达到 5.18 亿人，网络游戏市场规模从 2016 年的 1655.7 亿元提升到 2020 年的 2786.9 亿元，其中国产游戏规模占比由 2016 年的 71.4% 增长到 2020 年的 86.2%，网络游戏市场和国产游戏研发的快速发展为传统文化通过网络游戏媒介传播创造了有利的先决条件。事实上，传统文化也通过网络游戏开发实现了传播空间和形式的拓展与创新。比如，网络游戏《大话西游》和《梦幻西游》取材于中国古典四大名著之一《西游记》，借助“西游”这一传统文化大品牌，游戏一经面世就获得较高的知名度。又如，近几年盛极一时的《王者荣耀》，不断引用热门和传统典型人物开发游戏皮肤，其 2017 年开发的甄嬛纪念皮肤，起了一个十分典雅的名字叫“游园惊梦”，游戏角色身穿薄衣轻纱，手执罗扇，古风妆容，令人惊艳。一般的用户可能只是惊艳于皮肤的造型设计，有一定文化积淀的用户可能会发现《游园惊梦》其实是昆曲《牡丹亭》中的著名曲目，经典曲目中“关关雎鸠，在河之洲；窈窕淑女，君子好逑”的诗句仿佛萦绕在耳边，在提升游戏品位的同时，为虚拟网络游戏世界增添了丰富的文化底蕴。

传统文化网络游戏开发也需要找到合适的切入点，并不是所有的传统文化元素都适合网络游戏开发，常见的切入点有传统文化组成游戏背景和情节、传统文化人物参与游戏人物塑造、传统音乐融入游戏音响设计、传统造型参与游戏场景搭建等。一是将传统文化元素用于游戏背景和情节设计。常见的做法是，网络游戏将整体创意定位在某一特定历史时期或历史事件背景下，或者定位于某一个知名度较高的民间故事背景下。例如，《大话西游》以西游故事为背景，《传奇世界》在古代神话架构上进行场景搭建，又如，《将军令》对古代战场和英雄情怀的演绎，《魔兽世界》中引入中国民族元素副本等。二是历史人物影响游戏角色塑造。在《王者荣耀》中就有多个依据历史人物塑造的游戏人物。例如，三国故事中武将战力第一的吕布、富有传奇色彩和儿女情长的貂蝉、大乔等都成为游戏故事角色。三国故事可谓是网络游戏人物开发的宝库，《真·三国无双》中不但引入历史人物，还将历史人物故事情节贯穿游戏中。游戏中有“三英战吕布”的著名历史情节，在游戏中，使用吕布就必须完成这一情节。网页版游戏《七十二变》，构建了孙悟空护送唐僧西天取经的情节，在参与游戏的过程中，要破解类似九九八十一难的“隐藏阴谋”。三是将传统音乐融入游戏音响设计。在网络游戏的虚拟世界中，用于环境营造的只有视听两个通道，我们的感官和触觉无法使用，所以音响摄制与画面一样成为重要的环境营造条件。一般传统音乐与游戏开发的结合主要体现在两个方面。一方面是游戏主题音乐的制作，《仙剑奇侠传》中，武侠故事式的游戏情节，在故事背景和氛围营造上颇费苦心，游戏主题曲成为一代人的回忆，游戏主题曲广为传播也帮助游戏提升了知名度。此后，以游戏情节为基础还改编了电视剧作品。另一方面是游戏音响的制作，不少网络游戏在设置游戏场景时加入古代和民族元素，古代和民族乐器、音乐自然成为营造相关场景氛围的重要元素。如对笛、箫、鼓的应用等。四是将传统建筑融入网络游戏场景搭建。网络游戏场景设计追求与现实世界的反差，游戏设计者往往要通过脑洞大开的设计，为游戏者营造一个“理想世界”，这个世界可能是热血男儿心中向往的英雄辈出的武侠世界，也可能是少女心中希望的美丽动人的梦幻世界。总而言之，这个世界要能够满足游戏体验者对虚拟世界的所有幻想。在网络游戏虚拟世界营造中，民间文学、古典文学、中国书画都是激发创作灵感的重要源泉，其中古代建筑是营造历史氛围的重要部分。例如，《王者荣耀》设计团队为了不断丰富游戏的文化底蕴，在文化细节设计上引入“阙”的概念。设计者为了表现“魏阙”的特点，参照汉代相关建筑形式变化，在王者峡谷场景象征魏势力的红方高地上设立高阙，以彰显魏国都城浩大的声势与魏王曹操力图霸业的理想与野心。

7.4.3 传统文化服饰开发

中国传统服饰是中华民族宝贵的精神财富，不仅具有重要的实用价值，而且具有赏心悦目的艺术价值，与传统服饰设计有关的服饰图形、造型设计，以及源自传统服饰灵感的现代服饰设计图等都是版权保护的对象。

数字经济背景下的传统文化服饰开发呈现出多样性和多变性的特征。一是多样性。数字经济背景下的传统文化服饰产业产销模式发生了颠覆性变化，尤其是互联网商业平台的普及和壮大，在打破商业信息垄断的基础上，实现了商家与客户的无缝对接。通过大数据平台分析用户信息后，生产商直接按照可观测和可预测的需求信息与需求规律安排生产。在购销良性互动的作用下，两者逐渐形成同频共振，服饰生产与目标客户有效对接，个性化服务成为常态，消费需求与商品供给越发多样化。二是多变性。服饰开发随着季节变化和流行趋势的不同呈现多变性趋势。数字经济背景下的服饰开发受互联网信息影响大，信息流与产业链嵌入式互动。传统文化服饰开发也遵循市场规律，按照大部分人对流行趋势的理解运营，人们在购买服饰的时候不仅要时尚好看，而且需要满足在不同场合、不同领域和特殊用途的使用。数字经济时代服饰市场受电商主导，网络信息流向是电商决定服饰开发的重要依据。数字时代的网络世界的最大特征就是开放与多变，这就决定了包括时尚热点在内的网络信息热点的多变。时尚虽然多变，为多变的时尚提供持久审美标准的却是深厚传统文化培育出的国民基本审美情趣。

基于对数字经济背景下传统文化服饰开发特点的把握，可以分析出传统文化服饰开发在数字经济环境下的优势与劣势。其优势主要有三点。一是传统文化服饰历经历史沉淀，群众基础好，审美基础好，制作工艺认可度高，现代化的开发可以在这些口碑基础上迅速拉近与客户的距离，树立品牌形象。二是传统文化服饰开发一般注重对传统工艺传承，例如，典型款式、经典裁剪设计、传统装饰纹路花型等，尤其是对特殊节日专用服装的继承，彰显了中华民族传统文化的精神追求和品位，为传统文化服饰开发独特竞争力培育提供了重要资源。三是传统文化服饰开发将传统与现代融合，既可以展示和传承传统文化元素，又可以呈现现代流行元素，有利于传统文化传承，得到政府和民众的支持。其劣势主要有三点。一是数字经济发展带来经济和信息传播全球化，西方文化对本土文化冲击严重，在很大程度上通过影响人们的审美情趣影响日常服饰选择，对传统服饰传承和创新带来影响。二是数字经济背景下人们的工作和生活发生变化，很多仪式化场合向西方议程靠近，尤其是在特定场合中扮演重要角色的传统服饰，受重视程度和使用率都在降低。三是传统文化服饰开发与传统文化传承一样，需要师傅带徒弟式的手手相传，在工业化时代的今天，大众消费市场中服饰生产注重生产效率，需要大量人力手工成本的传统服饰必定在价格上不占优势，也无法为从业者提供普遍高薪的报酬，极大影响了产业发展。

在清晰传统文化服饰开发优势和劣势的基础上，也要看到产业发展的机遇。在全球化的今天，我国越来越重视对传统文化的传承和发扬，习近平总书记提出“文化自信”，国家对传统文化的重视，为传统文化服饰开发带来难得的政策机遇。与此同时，民众也呈现出对传统文化服饰关注度升温的状态，例如，汉服热的兴起，传统服饰相较现代服饰市场份额小、市场主体也少，消费者却呈现增长趋势。在数字经济背景下，对传统文化服饰进行开发的方向主要有三个。一是融入数字经济体系，改造传统经营模式。传统文化服饰经营产业要顺应时代潮流，按照数字经济规律进行经营体系构建。一方面，需要通过新兴电商平台扩大销售渠道，可以利用淘宝、京东、拼多多、唯品会等平台，进入服饰销售的主渠道，培育新型网络销售市场主体，走出一条适合传统文化服饰销售的网络化渠道。另一方面，通过互联网渠道营销，互联网营销包含网络宣传、品牌塑造、产品推广等内容。可以通过开设微博、微信等社交平台，运用抖音、火山小视频等短视频账号，进行网络热度和热门话题营造，通过视频直播带货，利用“粉丝”效应和网络社交渠道进行营造。例如，在旗袍销售中利用互联网，郑州“电影小镇”文旅项目打造了民国风情街，景区大力推广与之配套的“穿越德化街旗袍换装体验”，通过抖音等短视频网站，营造换装旗袍拍照秀场，推动了景区换装体验的销售。二是科技研发支撑传统服饰创新。科技是第一生产力，通过科技研发可以提高生产力，实现传统服饰大众生产销售与精品化手工艺传承之间的融合发展。例如，安徽蚌埠的百年老店“周记旗袍”，通过与国内服装行业技术领先工厂的合作研发，对传统旗袍制作中的印花、刺绣、剪裁和缝制环节进行了手工替代改造，机器代替人工完成以上复杂的工艺环节，并且能到达到较高的工艺水准。经过技术改造，形成不同的生产线，一方面是机器生产线，通过流程作业，生产出价格低、品质高、产量稳定的满足电商销售需求的大众化产品；另一方面是保留传统团队，推出高端产品，实现细分市场运营。三是抓好两个继承。一方面是继承传统文化服饰，做到守正创新。数字经济中产品迭代速度快，产品创新过程中受多方面因素影响，经营者容易在发展中出现追求短期效益的行为。传统文化服饰作为中国传统文化宝库中的组成部分，经历历史变迁和时代洗礼留存至今，承载了中华民族传统审美，有不少可取之处，要坚持在继承的基础上改革创新，防范自我否定、迷失方向的风险。另一方面是继承口碑，做好口碑经营。传统服饰产业在发展中往往形成了历史悠久的产业链和销售链，不乏深厚积淀的典型产品、样式和商户，例如，中国婚礼上的礼服、重要场合穿着的中山装等，还有在特定历史条件和区域内形成的地区传统服装和相关生产基地（生产商）都是无形的商业财富和创新资源。通过专门的政策引导传统服饰产业走上市场化发展的路径，是解决传统文化服饰开发的根本方法。

7.4.4 传统文化旅游开发

一直以来旅游被认为是绿色可持续的产业形式，是在既要“金山银山”又要“绿水青山”的改革发展实践中探索出的可行性路径。面对不同的旅游资源开发策略也不尽相同，在实际操作中开发程度也会对原始资源产生不同程度的影响。例如，在自然资源型旅游产业开发过程中，河南省新乡市围绕南太行山进行了大规模旅游开发，有效带动了当地发展，推动了旅游服务业、特色农业、区域文化产业等的快速发展，与此同时，自然资源的大规模开发给环境带来了不利影响。例如，人类活动逐渐深入自然环境深处，对动植物生态环境影响较大。在数字经济背景下，信息流极其丰富，人们渴望寻找到世外桃源或鲜为人知的旅游空间和文化资源，数字信息为传统文化旅游带来发展机遇。

数字经济背景下传统文化旅游开发迅速市场化，在经济利益的驱动下，开发带来的影响主要表现在两方面，即传统文化的保护传承与破坏变异矛盾的存在。一是传统文化的保护与传承。文化是旅游业赖以发展的支撑性条件，脱离文化根基就无法谈科学性的旅游开发，传统文化旅游开发更是强调文化传承。“传承”一词强调的是“传”和“承”，“传”是对传统文化的发扬与延续，“承”是对传统文化的传承与发展。传统文化旅游开发相较其他类型的旅游开发更加强调文化的根脉性和传承性。在传统文化旅游开发的实践中，经常能够看到开发与传承之间的矛盾现象，也有值得借鉴的案例①。木版年画是中国传统文化中民俗与美术传统艺术品，木版年画创作取材于生活场景，应用于生活，是社会发展的生动记录。经过长期的发展，我国形成了分布全国的多个年画创作基地和创作流派，像河南朱仙镇、山东杨家埠、天津杨柳青、苏州桃花坞等，它们的创作各具特色，都曾鼎盛一时，是吉祥、祈福、辟邪的象征物，是百姓生活中重大节庆的必备用品。随着时代的发展，人们的生活方式和社会组织形式发生变化，传统年画不仅市场萎缩，而且从业者也面临后继无人的境地，传统年画的传承和发展成为难题。随着中国经济社会快速发展、人们收入水平的不断提高，群众对文化生活的需求日益增加，为传统文化产业发展带来机遇。山东杨家埠以年画产业为基础，开始在民俗旅游上破题。新一代年画技艺传人深谙数字经济规律，通过互联网电商平台掌握市场需求动态，打开销售渠道；同时，在秉承传统技术的同时，结合时代要求进行具有创新意义的创作，在市场化的运作下，使濒临失传的传统技艺获得新生，为当地传统文化遗产旅游开发提供了支撑，繁荣了地方经济，实现了旅游开发中传统文化与经济的双赢。二是对传统文化的破坏与变异。数字经济背景下的旅游市场开放程度高，数字经济带来海量的市场化信息，对地方特色、民族色彩的原生态文化具有消解作用和“可口可乐化”效应。山东杨家埠年画的民俗旅游开发过程也经历了这一冲击，在产业开发初期，地方政府模仿游园旅游开发模式，将包括木版年画在内的民俗内容集中起来进行游园展示，靠收取门票赚钱，将民俗旅游开发带进死胡同。类似的例子还有民间剪纸艺术，传统剪纸艺术以中国民间故事人物和场景为素材，将

① 王德刚，史云．传承与变异：传统文化对旅游开发的应答［J］．旅游科学，2006（4）．

剪纸艺术与民间文学紧密结合，使自身不仅具有造型美感而且还有丰富的文化内涵，深得国内外群众喜爱。进入市场化开发以后，有些从业者将传统素材完全抛弃，将影视明星等流行元素融入创作素材，虽然实现了短期盈利，但却斩断了产业持久发展的根基。

自进入数字经济时代以来，传统文化旅游开发要在处理好传承创新与破坏变异之间关系的基础上，探索出合理的开发路径。传统文化旅游开发的内容很多，本书重点以传统文化中节庆旅游、旅游演出、旅游纪念品三种开发形式为例进行分析。第一，传统文化节庆旅游开发。我国历史悠久、幅员辽阔、民族众多，蕴藏了丰富的民族节庆和地区节庆特色化资源，为传统文化节庆旅游开发奠定了坚实基础。节庆旅游以人文景观为主要资源，一般呈现地域性、神秘性、体验性、文化性、经济性特征。传统文化节庆旅游开发尤其适合富有特色的乡村旅游与民族节庆结合的开发形式，这类开发在我国的民族地区最具优势。例如，西藏的乡村旅游有民族节庆品牌优势，现有的节庆有那曲恰青赛马节、当雄当吉仁赛马节等，这些民族节庆在乡土举行，反映西藏本土民风民情、民族文化、民族历史等，其神秘、古朴的特色给旅游者带来极大的吸引力。在吸引游客繁荣经济的同时，带来一定的经济效益刺激节庆参与者的热情，推动民族传统文化的发展。第二，传统文化旅游演出开发。近年来，我国旅游演出市场借助数字互联网渠道进行营销，极大地促进了产业发展，其市场占有率和票房收入已经初具规模。现代传统文化旅游演出开发形式主要有兴趣爱好型、体验文化型、陪伴亲友型、亲子教育型和放松休闲型等。传统文化旅游演出的开发不仅有利于传统表演艺术的保护与传承，为其发展提供经济支持，而且有利于地方文化和文化遗产传播，有利于文化多样性发展。传统文化旅游演出开发参与文化演出市场竞争，在行业竞争日趋激烈的前提下，传统文化旅游演出开发要细化市场策略。一要细分市场。系统性地开展研究，清晰地对观众进行分类，针对不同群体进行产品设计。要清楚演出与演出所在旅游环境的特点和主要人群特征，根据旅游人群中的主要群体量身定制演出产品，达到最佳的传播效果。二要强化创作投入。说到底，旅游演出卖的是内容，通过演出让游客深化旅游体验是根本。离开旅游谈旅游演出就是舍本逐末，要在旅游体验积累的基础上开发演出，充分利用数字技术增强演出的观赏性和旅游环境的文化氛围。三要延伸业态影响。跳出演出做演出，实现演出场所与旅游环境的协调发展，打造多元化、多功能的演出场景。例如，体验式、互动式、游戏式的演出形式，通过宏大主题演出带动演出周边配额项目发展，实现主业与副业间盈利水平的良性配比，形成演出产业链。四要打造特色品牌。传统文化是旅游演出开发的根脉，民族和地域特色是传统文化的基本特征，也是游客旅游的重要动力来源。旅游表演开发容易在产业化过程中出现创作乏力问题，例如，宋城集团打造的“千古情”系列演出，该演出形式在宋城集团的多家景区存在，第一次观看其情节设置和舞台表现颇为震撼，到其他景区观看该系列演出时难免产生千篇一律的感觉，演出并不只是简单的复制。第三，传统文化旅游纪念品开发。不同的地域与民族文化是生活和社会丰富的真实写照，富有地域和民族特色的旅游纪念品是游客旅游体验延伸的现实承载。现在的传统文化旅游纪念品开发存在表象化、同质化、艺术性和实用性剥离等问题。数字经济背景下的旅游纪念品产业链面临巨大的变化，在互联网销售和网络信息化时代的冲击下，需要通过加大产品研发环节的投入解决这些问题。传统文化旅游纪念品开发包括确定题材、立意，实验功效，设计形态，选择色彩、材质等环节，各环节紧紧相扣，密切联系。现实生活中不乏成功案例，例如，河南博物院开发的文物盲盒系列纪念品，以馆藏经典文物为模板，以文物发掘体验为卖点，打造了一个微缩版的文物挖掘现场，游客通过免费游览积累一定的文物知识，产生消费兴趣，临走时购买一个盲盒，通过探索性尝试丰富了旅游体验。

参考文献

[1]马克思. 资本论:第一卷[M]. 北京:人民出版社,1975.

[2]马克思,恩格斯. 马克思恩格斯选集:第三卷[M]. 北京:人民出版社,1972.

[3]亚当·密斯. 国民财富的性质和原因的研究[M]. 郭大力,等,译. 北京:商务印书馆,1972.

[4]刘永佶. 劳动历史观[M]. 北京:中国经济出版社,2004.

[5]郑成思. 版权法(修订本)[M]. 北京:中国人民大学出版社,1997.

[6]张凤杰."科技+版权"助推产业转型升级与融合发展[J]. 出版发行研究,2017(2).

[7]朱鸿军. 版权问题: 制约媒介融合发展的瓶颈[J]. 出版发行研究,2016 (10):80-82.

[8]郭壬癸,乔永忠. 版权保护强度影响文化产业发展绩效实证研究[J]. 科学学研究,2019,37(7):1174-1182.

[9]王丽. 版权贸易与文化产业发展之间的关系研究:基于中美两国的经验数据考察[J]. 价格月刊,2019(9):53-60.

[10]陶莉. 版权资源的开发与利用研究[D]. 武汉:武汉大学,2004.

[11]顾亚奇,张旭. 传统文化觉醒:符码体系与视听场域的再生产——基于河南卫视"中国节日"系列节目的文化观察[J]. 中国电视,2021(7).

[12]杨健. 国际版权贸易中的文化冲突与协调:以文化强国建设为背景[J]. 北方法学,2021(15):116-127.

[13]王国宾,刘洁. 互联网环境下舞蹈版权保护现状与对策研究[J].

北京舞蹈学院学报,2020(6):87－91.

[14]孙明．基于中国传统文化现代价值的开发设计研究[D]．上海:东华大学,2010.

[15]郝挺雷．科技创新视域下我国文化产业竞争力研究[D]．上海:华东师范大学,2017.

[16]何华征,盛德荣．论版权资本化与知识创新的内在关联[J]．科技管理研究,2018(8):168－172.

[17]宋俊生．省域文化产业竞争力及其提升路径研究[D]．天津:天津大学,2019.

[18]刘昭洁．数字经济背景下的产业融合研究[D]．北京:对外经济贸易大学,2018.

[19]张鹏．数字经济的本质及其发展逻辑[J]．经济学家,2019(2):25－33.

[20]潘道远．数字经济时代文化创意与经济增长的关系研究[D]．深圳:深圳大学,2019.

[21]张新红．数字经济与中国发展[J]．电子政务,2016(11):2－11.

[22]陈飞．腾讯实行"IP"全版权开发的相关研究[D]．上海:上海社会科学院,2017.

[23]多米尼克·鲍尔,艾伦·J. 斯科特．文化产业与文化生产[M]．夏申,赵咏,译．上海:上海财经大学出版社,2016.

[24]杨英法,苗方朔．文化创意与传统产业、传统文化、现代文明的融合模式研究[J]．河北工程大学学报(社会科学版),2011(1):4－9.

[25]钱践．文化资源产业化视野下的影视剧生产:基于重庆案例的分析[J]．文化学刊,2021(5).

[26]付欣怡．我国文创产业文化资源资本化研究[J]．哈尔滨学院学报,2021(11):115－117.

[27]黄海林．新时期中国文化产业发展的历史与经验研究[D]．湘潭:湘潭大学,2020.

[28]董成雄．中国优秀传统文化的系统解读和传承建构[D]．泉州:华

侨大学,2016.

[29]王晓玲. 中华传统文化的现代转化与文化产业园区实践研究[D]. 上海:上海交通大学,2015.

[30]常珺宜. 以互联网思维改造传统曲艺演出:浅析“金陵相声大会”的创新元素[J]. 剧影月报,2016(4):36－38.

[31]胡惠林. 文化产业发展的中国道路[M]. 北京:社会科学文献出版社,2008.

[32]黎明. 论“互联网＋”时代曲艺IP的创新之路[J]. 曲艺,2020(4):14－16.

[33]卢济威,张凡. 历史文化传承与城市活力协同发展[J]. 新建筑,2016(1):32－36.

[34]杜璠. 中国传统服饰文化网络传播内容的现状研究[D]. 北京:北京服装学院,2019.

[35]王林生. 现代文化市场体系:粤港澳大湾区文化产业高质量发展的路径与方向[J]. 深圳大学学报(人文社会科学版),2019(4):61－70.

[36]游登贵. 文化自信语境下传统文化类节目的发展路径思考:以《朗读者》为例[J]. 出版广角,2020(24):76－78.

[37]任建东. 网络游戏与传统文化的传播[J]. 伦理学研究,2010(6):111－113.

[38]石裕祖. 民族民间舞蹈文化传承规律及其发展趋势研究[J]. 云南艺术学院学报,2007(2):54－61.

[39]芮晓珍. 互联网技术对传统书画艺术的影响[J]. 戏剧之家,2018(5):140－141.

[40]徐来. 十八大以来传统文化图书出版述评[J]. 出版参考,2017(12):18－21.

[41]宝木. 曲艺文化产业的实现路径初探[J]. 曲艺,2019(5):11－14.

[42]田海龙. 曲艺产业运营思路[J]. 曲艺,2019(5):15－16.

[43]赵志安. 论传统音乐文化的传承与传播(下)[J]. 黄钟(武汉音乐

学院学报),2004(1):74 –76.

[44]刘蓉. 优秀传统文化读物的出版与文化传播思考[J]. 出版广角,2019(4):47 –49.

[45]郑自立. 文化科技融合助推文化产业高质量发展的机理与策略[J]. 当代经济管理,2019(2):53 –59.

[46]邹建华,刘计. 版权公共服务在现代文化市场体系建设中的保障和支撑作用[J]. 中国版权,2014(1):11 –13.

[47]孙晓翠. 版权资本化运营模式研究[J]. 中国出版,2019(16):45 –48.

[48]施国芳,陈朝霞,周春儿,等. 文化产业对上海城市经济转型发展的影响[J]. 浙江大学学报(理学版),2016(1):115 –121.

[49]展梦雪,孔少君. 基于网络文本挖掘的旅游演艺体验特征的比较研究:以《印象·刘三姐》《宋城千古情》和《藏谜》为例[J]. 旅游论坛,2016(3):37 –43.

[50]潘爱玲,王雪. 现代文化产业体系与市场体系协同发展的机制和路径研究[J]. 华中师范大学学报(人文社会科学版),2021(1):64 –71.

[51]秦宗财,方影. 美国版权产业人才培养及启示[J]. 出版发行研究,2016(6):77 –80.

[52]侯建娜,杨海红,李仙德. 旅游演艺产品中地域文化元素开发的思考:以《印象·刘三姐》为例[J]. 旅游论坛,2010(3):284 –287.

[53]布尔迪厄. 文化资本与社会炼金术[M]. 上海:上海人民出版社,1997.

[54]赵林如. 市场经济学大辞典[M]. 北京:经济科学出版社,1999.

[55]姚福申. 中国编辑史[M]. 上海:复旦大学出版社,2004.

[56]蒂耶斯德尔. 城市历史街区的复兴[M]. 北京:北京建筑工业出版社,2006.

[57]付林. 中国流行音乐 20 年[M]. 北京:大众文艺出版社,2011.

[58]孙满绪. 和服和日本文化[M]. 北京:外语教学与研究出版社,2014.

[59]赫斯蒙德夫. 文化产业[M]. 张菲娜,译. 北京:中国人民大学出版社,2016.

[60]藤森照信. 妙趣横生的日本建筑学[M]. 南京:江苏凤凰科学技术出版社,2018.

索　引